1. Introduzione

Il concetto di stile attraverso i secoli

Stile. Una parola che vibra di significati, oscillando tra la superficie e l'essenza. Non è mai stata solo una questione di apparenza, ma un linguaggio, un manifesto, una dichiarazione silenziosa. Attraverso i secoli, lo stile ha assunto mille volti: l'armatura del guerriero, il drappeggio del saggio, il ricamo minuzioso del potere. È mutato con i venti della storia, ma ha sempre mantenuto un nucleo immutabile: la capacità di raccontare chi siamo, senza bisogno di parole.

Nelle corti rinascimentali, dove l'arte si confondeva con la vita, lo stile era il passaporto per l'eternità. I tessuti preziosi non erano solo decorazioni, ma mappe del mondo conosciuto, dove seta e velluto intrecciavano storie di terre lontane. I profumi, distillati con alchimie complesse, evocavano paradisi perduti e raffinatezze esotiche, completando l'identità di chi li indossava. Nei salotti del XIX secolo, l'estetismo ergeva il bello a ideale assoluto, sfidando la mediocrità del funzionale. Ogni dettaglio, dal profumo al taglio di un abito, era un'affermazione di unicità, un rifiuto del banale.

Ma lo stile non è mai stato confinato alle élite. Anche nelle pieghe della quotidianità, tra le mani callose dei lavoratori e i ritmi frenetici delle città industriali, ha trovato una forma. Una cravatta sgualcita, una bottiglietta di colonia economica, un gesto ripetuto all'infinito: ogni elemento raccontava una storia, un'identità. Lo stile vive nei contrasti, nei margini, nella tensione tra l'alto e il basso, il raffinato e il grezzo, il pubblico e il privato.

Eppure, se c'è una costante nel concetto di stile, è la sua capacità di trasformarsi, di reinventarsi, mantenendo sempre un filo di continuità con il passato. Oggi, in un mondo che corre verso il futuro, lo stile è chiamato a reinventarsi. Non più solo espressione di sé, ma anche di responsabilità. La sostenibilità diventa parte del lessico estetico, la qualità sovrasta la quantità, il dettaglio recupera il suo primato. Lo stile si fa voce di una nuova aristocrazia, non più legata al sangue o alla ricchezza, ma alla visione, alla capacità di unire etica ed estetica in un unico gesto.

Oggi il profumo, l'abito, l'accessorio non sono solo simboli, ma ponti tra l'individuo e il mondo. Ogni fragranza diventa una firma olfattiva, ogni abito una seconda pelle, ogni dettaglio un racconto che sfida il tempo. La modernità ci ha insegnato a diffidare dell'effimero, eppure è proprio nella fugacità dello stile che si cela il suo potere: un'impressione che, come un profumo raro, resta nell'aria anche dopo che la figura è scomparsa.

Questo libro non vuole offrire risposte definitive. Piuttosto, intende esplorare i mille volti dello stile, soffermandosi su profumi, abiti e avanguardie che hanno segnato l'immaginario collettivo. È un viaggio, tra fragranze che evocano ricordi, tessuti che raccontano storie, e visioni che sfidano il presente. Una celebrazione della bellezza come forza dirompente, capace di ridefinire non solo l'apparenza, ma anche l'anima.

Kylian de Brabandere

L'Aristocrazia dello Stile

Avanguardie, profumi e abbigliamento nell'estetismo moderno

Copyright 2025 – Kylian de Brabandere
Tutti i diritti riservati.

Indice dei contenuti

1. Introduzione
2. L'Avanguardia dell'Estetismo
3. Le Aristocrazie dello Stili
4. Il Linguaggio del Profumo
5. L'Abbigliamento come Manifesto
6. Fragranze e Tessuti
7. Simboli e Codici dell'Estetismo
8. Avanguardia e Tradizione
9. L'Estetica dell'Esclusività
10. Il Futuro dello Stile
11. Conclusioni
Sull'Autore

Estetismo e avanguardie: un viaggio culturale

L'estetismo e le avanguardie sono due facce di una stessa medaglia: l'incessante ricerca di un significato che trascenda il banale, l'ordinario. Entrambi rappresentano ribellioni, seppur di natura diversa. L'estetismo si erge come un tempio dedicato al bello, al culto della perfezione formale e sensoriale. Le avanguardie, al contrario, abbattono i templi per costruire nuovi mondi, sfidando le convenzioni e proponendo visioni radicali.

L'estetismo trova la sua massima espressione nelle opere di autori come Oscar Wilde, Walter Pater e Gabriele D'Annunzio. L'arte per l'arte diventa il motto di una generazione che crede nella superiorità del bello, indipendentemente dalla sua utilità morale o pratica. In questo contesto, il profumo e l'abbigliamento assumono ruoli di primaria importanza: non sono semplici accessori, ma strumenti per costruire un'identità, per raccontare una storia personale. L'estetismo permea ogni aspetto della vita quotidiana. Il design di un vestito, la composizione di un bouquet, la scelta di una fragranza diventano atti artistici. Gli esteti celebrano il lusso e l'esclusività, ma non come ostentazione di ricchezza: piuttosto come segni di un'elezione spirituale, di un'aristocrazia dell'anima.

Con l'inizio del XX secolo, le avanguardie irrompono sulla scena culturale, portando con sé una ventata di rivoluzione. Futurismo, Dadaismo, Surrealismo: ogni movimento ha un manifesto, un'agenda precisa per riscrivere le regole dell'arte e, spesso, della società. Dove l'estetismo celebra l'armonia, le avanguardie abbracciano il caos, l'incompleto, il frammentario. Nel mondo della moda e del profumo, le avanguardie trovano nuovi linguaggi per esprimersi. La decostruzione di abiti tradizionali, l'uso di materiali innovativi, la creazione di fragranze che sfidano il gusto comune: tutto diventa possibile. Non si tratta più di celebrare il bello, ma di interrogare il suo significato, di provocare e, talvolta, disturbare.

Nonostante le loro differenze, estetismo e avanguardie non sono mondi separati. Anzi, si influenzano reciprocamente, creando una dialettica che arricchisce l'esperienza estetica. Le linee pulite e perfette di un abito possono convivere con un dettaglio volutamente fuori posto; una fragranza classica può essere arricchita da una nota inaspettata, quasi discordante. In fondo, entrambi i movimenti cercano la stessa cosa: la trascendenza. Che sia attraverso la celebrazione del bello o la sua destrutturazione, il fine ultimo è superare la banalità del quotidiano, creare qualcosa di eterno, di unico. In questo viaggio culturale, l'estetismo e le avanguardie continuano a ispirarci, a farci domandare cosa significhi davvero essere umani e come possiamo esprimere al meglio la nostra essenza.

Obiettivi del libro: celebrare l'essenza dell'eleganza

Questo libro si propone come una riflessione profonda sul concetto di eleganza, non solo intesa come estetica o forma, ma come un valore universale, capace di attraversare epoche, culture e discipline. L'eleganza è il filo sottile che lega l'arte, la moda, il profumo e la vita quotidiana, un linguaggio senza tempo che comunica armonia, raffinatezza e rispetto per il dettaglio.

L'intento principale è quello di elevare l'eleganza al rango che merita, sfatando l'idea che sia un semplice lusso o un capriccio elitario. È invece una forma di espressione autentica, un modo di vivere che trova la sua essenza nel bilanciamento tra semplicità e complessità, tradizione e innovazione. Celebrare l'eleganza significa riscoprire il valore del "bello" in ogni sua sfumatura, restituendo dignità al gesto curato, all'oggetto pensato, all'emozione evocata.

Il libro esplora queste dimensioni attraverso un viaggio che parte dall'estetismo e dall'avanguardia, attraversa il mondo delle fragranze e dell'abbigliamento, e si confronta con l'eredità di visionari che hanno trasformato l'eleganza in un'arte di vivere. Non si tratta di imporre regole o standard, ma di suggerire un approccio che incoraggi il lettore a guardare oltre il superficiale, a riscoprire il potere evocativo del dettaglio e a considerare la bellezza come una forza capace di arricchire non solo l'estetica, ma anche l'animo e il pensiero.

In un mondo sempre più frenetico e uniforme, celebrare l'eleganza è un atto di resistenza e insieme di speranza: la resistenza contro l'omologazione e il culto dell'effimero, la speranza in un futuro dove l'arte e la bellezza possano tornare al centro delle nostre vite. Questo libro si pone come un invito a rallentare, osservare, scegliere e vivere con uno stile che sia al contempo personale e universale, contemporaneo e senza tempo.

2. L'Avanguardia dell'Estetismo

L'origine del movimento estetico

L'estetismo, come movimento culturale, affonda le sue radici in un'epoca di profonde trasformazioni sociali, politiche ed economiche. Siamo nel XIX secolo, in un mondo attraversato dalla rivoluzione industriale, dove la vita moderna sembra scandita dai ritmi frenetici delle macchine e dalla logica spietata della produzione. In questo contesto, gli uomini e le donne che daranno vita all'estetismo sentono il peso di un'esistenza che si sta disumanizzando, un'esistenza in cui l'utilità sembra aver soppiantato la bellezza, e il progresso tecnologico ha oscurato l'importanza della creatività.

L'estetismo nasce dunque come una ribellione silenziosa, ma non per questo meno potente, contro il funzionalismo imperante. Si fa strada tra gli spiriti più sensibili l'idea che l'arte, il bello, e l'eleganza non debbano avere una giustificazione pratica. "L'arte per l'arte" diventa il motto di una nuova generazione, una filosofia che celebra il superfluo come elemento essenziale dell'esistenza. L'arte, per i primi esteti, non è uno strumento da piegare a un fine morale o utilitaristico: è un valore in sé, un faro che illumina l'anima e libera la mente dall'oppressione del quotidiano.

Questa visione rivoluzionaria si espande rapidamente oltre i confini delle arti visive e letterarie. L'estetismo tocca la moda, il design, il profumo, trasformando ogni campo in un territorio fertile per la sperimentazione e l'innovazione. Abiti e accessori diventano espressioni di uno spirito nuovo, strumenti attraverso i quali affermare un'identità che rifiuta le convenzioni sociali. Le fragranze, con il loro potere evocativo, si elevano a narrazioni olfattive capaci di trasportare chi le indossa in mondi lontani.

I primi sostenitori dell'estetismo non agiscono nel vuoto. Trovano ispirazione nelle correnti filosofiche che mettono al centro la percezione sensoriale e nell'eredità di epoche passate, come il Rinascimento o il Rococò, che avevano celebrato il valore della bellezza. Allo stesso tempo, guardano avanti, abbracciando il rischio e la provocazione, con il desiderio di creare un linguaggio nuovo, che si allontani dalle tradizioni ma ne conservi l'essenza.

L'origine dell'estetismo è quindi un dialogo costante tra passato e futuro, tra ribellione e continuità. È un movimento che sfida le convenzioni senza disconoscere l'importanza della storia, che cerca nel bello non solo una forma, ma un significato. È qui che l'avanguardia dell'estetismo getta le sue fondamenta: in una ricerca di eleganza che non è mai fine a sé stessa, ma sempre carica di una forza trasformativa. Una ricerca che, ancora oggi, continua a ispirare coloro che vedono nell'arte e nella bellezza non un lusso, ma una necessità.

L'estetismo come ribellione al funzionalismo

L'estetismo emerge come una risposta diretta e provocatoria a un mondo dominato dal funzionalismo, dove ogni cosa sembra essere valutata esclusivamente in base alla sua utilità pratica. In un'epoca in cui la rivoluzione industriale ha standardizzato processi e prodotti, riducendo la creatività a un dettaglio superfluo, l'estetismo si erge come un atto di resistenza culturale. Esso rivendica il diritto del bello a esistere per sé stesso, senza bisogno di giustificazioni che lo pieghino a scopi morali, economici o utilitari.

Il funzionalismo, che ha trovato nella modernità il suo alleato più forte, si basa sull'idea che forma e funzione debbano essere strettamente correlate. In questo paradigma, la bellezza diventa subordinata all'efficienza, al risultato, al consumo. Gli edifici sono progettati per essere solidi e pratici, i vestiti per essere comodi e ripetibili, gli oggetti per essere prodotti in massa e venduti rapidamente. Gli esteti, tuttavia, vedono in questa logica una minaccia all'anima stessa dell'espressione umana, una riduzione della complessità e della meraviglia del mondo.

In opposizione, l'estetismo celebra la disconnessione tra forma e funzione. Non si tratta di un rifiuto della praticità, ma di un desiderio di trascenderla, di creare qualcosa che parli direttamente all'animo umano attraverso la bellezza. Un vaso non deve semplicemente contenere acqua; un abito non deve solo coprire il corpo; un profumo non è un mezzo per nascondere gli odori. Ogni oggetto, ogni creazione, può essere un'opera d'arte, un'emanazione dell'immaginazione e dell'ingegno umano.

Questa ribellione si manifesta in modi diversi e in molteplici campi. Nell'architettura, si traduce in edifici che sfidano le regole della simmetria e della funzione pura, privilegiando linee sinuose e materiali innovativi. Nella moda, diventa una celebrazione del dettaglio superfluo, dell'eccesso e della teatralità, dove ogni capo racconta una storia unica. Nei profumi, l'estetismo abbraccia la complessità olfattiva, trasformando semplici fragranze in poesie invisibili.

Ma l'estetismo non è solo una questione di oggetti o creazioni artistiche. È una filosofia di vita che rifiuta l'idea che tutto debba avere uno scopo immediato e tangibile. Gli esteti vivono in modo da incarnare la bellezza nei gesti, nelle parole, nelle scelte quotidiane. È una ribellione che va oltre l'apparenza e si radica nel desiderio di vivere con pienezza e consapevolezza, celebrando ciò che rende il mondo più ricco e vibrante.

In questo senso, l'estetismo non è un rifiuto totale del funzionalismo, ma una sua trasfigurazione. Esso riconosce l'importanza della funzione, ma non accetta che sia l'unico criterio per giudicare ciò che vale la pena creare o possedere. È un movimento che ci ricorda che, in un mondo sempre più orientato al risultato, c'è ancora spazio per il piacere puro, per il bello senza motivo, per la magia che nasce quando l'inutile diventa essenziale.

Visionari e pionieri dell'avanguardia estetica

L'avanguardia estetica non sarebbe mai nata senza l'audacia di quei visionari che, in diverse epoche, hanno avuto il coraggio di sfidare le convenzioni, ridefinire la bellezza e trasformare il modo in cui il mondo percepisce l'arte, il profumo, l'abbigliamento e, più in generale, il concetto di stile. Questi pionieri non erano semplicemente creatori, ma anche provocatori, filosofi e sognatori, capaci di immaginare un mondo in cui il bello non fosse subordinato al pratico, ma fosse esso stesso un valore supremo, un linguaggio universale capace di parlare direttamente all'anima.

Nel cuore di ogni avanguardia estetica vi è il rifiuto del conformismo. I visionari che hanno plasmato questo movimento erano accomunati dalla volontà di rompere con le tradizioni stantie, di reinventare i canoni e di esplorare l'ignoto. Le loro opere non erano mai fini a sé stesse, ma portatrici di un messaggio, di un'idea che trascendeva il mero oggetto e si collocava nel dominio del simbolico. Il loro lavoro invitava a vedere oltre l'apparenza, a scoprire nuove prospettive, a interrogarsi sul significato profondo della bellezza.

Ogni ambito creativo ha avuto i suoi protagonisti. Nel mondo dell'arte, i pittori e gli scultori dell'avanguardia hanno sfidato le regole accademiche, sperimentando forme, colori e tecniche che scandalizzavano i contemporanei ma che avrebbero definito nuovi paradigmi. Allo stesso modo, i creatori di moda hanno reinventato il modo di vestire, trasformando l'abbigliamento da semplice utilità a un mezzo per esprimere identità, emozioni e status. Nei profumi, pionieri visionari hanno cercato non solo di evocare emozioni, ma di raccontare storie olfattive complesse, che sfidavano l'idea tradizionale di fragranza come puro ornamento.

Questi pionieri spesso agivano in contesti difficili, dove l'incomprensione e il rifiuto erano la norma. Molti hanno subito critiche feroci, sono stati emarginati o ridicolizzati, ma hanno continuato a perseguire la loro visione con una determinazione incrollabile. La loro forza risiedeva nella capacità di vedere ciò che altri non vedevano, di immaginare mondi alternativi in cui il bello e il sublime potessero coesistere con il quotidiano.

L'impatto di questi visionari non si limita al loro tempo. Le loro opere e le loro idee continuano a influenzare generazioni successive, ispirando nuove avanguardie e mantenendo vivo il dialogo tra tradizione e innovazione. La loro eredità non è fatta solo di oggetti, ma di un approccio alla vita che celebra la curiosità, la sperimentazione e la ricerca del sublime.

Sono loro i veri protagonisti di questo libro, le figure che hanno illuminato il cammino dell'estetismo e delle avanguardie con la loro audacia e la loro visione. Grazie a loro, il mondo ha imparato a guardare oltre l'ovvio, a trovare bellezza nel non convenzionale e a credere che, anche nei momenti più bui, l'arte e la bellezza possano essere strumenti di trasformazione e di speranza.

3. Le Aristocrazie dello Stile

Dalla nobiltà alla modernità: il ruolo delle élite

Il concetto di aristocrazia dello stile nasce dal connubio tra privilegio e raffinatezza, una dimensione in cui il gusto diviene l'espressione più alta di un'élite che plasma il corso della cultura e dell'estetica. Sin dai tempi antichi, le aristocrazie hanno esercitato un ruolo cruciale nella definizione del bello, fungendo da mecenati e custodi di valori culturali che, attraverso i secoli, hanno segnato il passo della moda, dell'arte e delle forme di espressione personale.

Nelle corti europee del Rinascimento, per esempio, la nobiltà non si limitava a governare: essa incarnava un ideale estetico. Le sontuose vesti, i profumi rari, le architetture opulente non erano semplici dimostrazioni di potere economico, ma strumenti attraverso cui affermare una visione del mondo basata sulla ricerca dell'eccellenza. Questa élite, avvalendosi di artisti, designer e profumieri, non solo definiva i canoni estetici della propria epoca, ma ne influenzava profondamente il futuro.

Tuttavia, il passaggio alla modernità ha ridefinito i confini di queste aristocrazie dello stile. Con l'avvento della borghesia e il progresso industriale, il concetto di eleganza si è aperto a nuove interpretazioni. Le élite culturali e intellettuali hanno sostituito, almeno in parte, l'aristocrazia di sangue, portando con sé una diversa visione del gusto: non più rigidamente legato al lignaggio, ma alla capacità di distinguersi attraverso l'ingegno, l'innovazione e la sensibilità estetica.

Nella società contemporanea, le aristocrazie dello stile non sono più limitate alle classi sociali alte. Esse si manifestano in comunità fluide, alimentate da creativi, pensatori e innovatori che si ergono a nuovi custodi del gusto. Da questa democratizzazione del bello nasce una tensione interessante: mentre la moda e l'estetica diventano sempre più accessibili, emerge il desiderio di autenticità, esclusività e individualità, tratti che richiamano le tradizioni delle antiche élite.

Le nuove aristocrazie dello stile, quindi, non si definiscono tanto per il possesso materiale, ma per la capacità di interpretare il presente e anticipare il futuro. Sono coloro che, con un gesto, un'opera o una scelta, riescono a creare un linguaggio estetico che risuona oltre il tempo e lo spazio. Attraverso questa lente, l'eleganza moderna non è più solo una questione di apparenza, ma un modo di pensare, di vivere e di creare, in equilibrio tra eredità e innovazione.

Questo capitolo esplora non solo la storia di queste élite, ma anche il loro ruolo nell'epoca contemporanea. Dalle corti rinascimentali agli atelier parigini, dai circoli intellettuali del XIX secolo fino agli influencer culturali di oggi, le aristocrazie dello stile continuano a incarnare l'ideale di una bellezza che non è mai fine a sé stessa, ma sempre un atto di creazione, trasformazione e resistenza al banale. In un mondo che spesso sembra preferire la rapidità al dettaglio, esse rappresentano una testimonianza vivente dell'importanza di coltivare il bello come valore intramontabile.

La creazione dei codici di eleganza

L'eleganza non si limita alla superficie dell'apparenza, ma è un linguaggio sottile che comunica un modo di vivere. È un codice che attraversa epoche, che muta al passo con i cambiamenti culturali, sociali e politici, ma che riesce sempre a mantenere intatta la sua essenza. Comprendere i codici di eleganza significa saper leggere tra le righe della storia e del comportamento umano, riconoscendo la continuità di un valore che si adatta e si evolve senza mai perdere il suo significato profondo.

La nascita dell'eleganza come concetto visibile è legata alla corte delle aristocrazie europee dei secoli XVIII e XIX, dove ogni aspetto della vita quotidiana – dall'abbigliamento al comportamento – era pensato per esprimere il rango e la posizione sociale. In questi ambienti, l'eleganza non era solo un modo di vestire, ma un linguaggio che trasmetteva appartenenza, distinzione e, soprattutto, potere. Ogni gesto, ogni parola, ogni accessorio era scelto con grande attenzione, ed esprimeva una visione del mondo in cui il controllo, la raffinatezza e la bellezza erano i valori principali. Tuttavia, l'eleganza non consisteva nell'ostentare la propria ricchezza, ma nel saperla dosare con discrezione, nel bilanciare magnificenza e sobrietà.

Nel corso del tempo, l'eleganza ha subito significativi cambiamenti. Con l'industrializzazione e l'emergere di nuove classi sociali nel XX secolo, i codici di eleganza si sono evoluti. L'abito da gala formale, con il frac e i vestiti da ballo, ha lasciato spazio a nuove interpretazioni più moderne, ma l'essenza dell'eleganza è rimasta inalterata. Le figure di stilisti come Coco Chanel, Yves Saint Laurent e Audrey Hepburn hanno saputo reinterpretare il concetto, spingendo verso una visione più accessibile e al tempo stesso più autentica dell'eleganza. Per Chanel, ad esempio, l'eleganza non era più legata a un'ostentazione di lusso, ma a una semplicità senza tempo, che restava elegante proprio nella sua essenza essenziale.

Nel XXI secolo, l'eleganza ha continuato a evolversi, abbracciando la diversità e la sostenibilità. Le attitudini moderne hanno messo in luce l'importanza di un'eleganza che non si limita alla bellezza esteriore, ma che deve essere accompagnata da valori come la responsabilità sociale e ambientale. Il concetto di eleganza si è allargato, diventando sempre più inclusivo e sensibile ai temi della sostenibilità, della giustizia sociale e della diversità culturale. Oggi, essere eleganti non significa solo vestirsi bene, ma essere anche consapevoli delle proprie azioni, delle scelte che si fanno e dei valori che si rappresentano.

Creare nuovi codici di eleganza per l'era contemporanea significa unire la tradizione alla modernità, mantenendo vive le radici storiche, ma adattandole alle nuove sensibilità e alle sfide globali. Oggi l'eleganza non è più appannaggio esclusivo di una ristretta élite, ma è un linguaggio che può essere parlato da chiunque, a qualsiasi livello sociale. La moda e i creatori di profumi, ad esempio, non si limitano più a proporre tendenze, ma si impegnano a creare prodotti che siano al contempo belli e responsabili. La riscoperta delle tradizioni artigianali, unite alle innovazioni moderne, sta dando vita a una nuova estetica, una che sa guardare al futuro senza dimenticare il passato.

In questo contesto, l'eleganza è diventata un codice universale, un mezzo per comunicare chi siamo, come pensiamo e come vogliamo essere percepiti nel mondo. È un linguaggio che non ha bisogno di parole, ma che dice molto di chi lo parla. Non è più una questione di classe sociale, ma una scelta di vita, una forma di espressione individuale che sa coniugare bellezza, rispetto e consapevolezza. Chi sa articolare questi codici diventa un custode dell'eleganza, portatore di un messaggio che trascende il tempo e che si rinnova costantemente, creando un legame profondo tra passato, presente e futuro.

L'aristocrazia culturale e la democratizzazione del gusto

L'aristocrazia culturale è da sempre un concetto legato a un'élite che ha il privilegio e la responsabilità di preservare e promuovere il meglio delle tradizioni artistiche, intellettuali e estetiche. Questa élite non si identifica solo con una classe sociale, ma con un gruppo di persone che, attraverso il loro impegno intellettuale e il loro gusto raffinato, influenzano la cultura e le scelte estetiche di una società. Tuttavia, nel corso del tempo, questa aristocrazia culturale ha dovuto fare i conti con un cambiamento radicale: la democratizzazione del gusto.

Tradizionalmente, l'aristocrazia culturale ha rappresentato una piccola élite, composta da intellettuali, artisti, mecenati e pensatori, che detenevano il potere di definire cosa fosse considerato "alto" o "basso" nella cultura e nelle arti. Questi individui avevano accesso a risorse, educazione e opportunità che permettevano loro di sviluppare un gusto raffinato, un discernimento che distingueva le forme artistiche di valore duraturo da quelle effimere o meno significative. L'accesso alla cultura, dunque, era riservato a pochi, mentre la massa era spesso esclusa dai privilegi legati alla conoscenza e all'apprezzamento delle arti e delle bellezze più raffinate.

Tuttavia, nel corso del XIX e XX secolo, la democratizzazione della cultura ha preso piede, soprattutto grazie alla diffusione dell'educazione, all'emergere delle tecnologie e dei mezzi di comunicazione di massa, e alla crescita dei consumi culturali. Il cinema, la musica popolare, la televisione, e più recentemente, internet e i social media, hanno reso accessibili a tutti le forme culturali che una volta erano riservate a una ristretta élite. Così facendo, il concetto di "gusto raffinato" è diventato sempre più fluido, e l'idea che solo una ristretta élite possa possedere il diritto di determinare i canoni di bellezza e cultura ha cominciato a vacillare.

Questa democratizzazione del gusto non ha significato la fine dell'aristocrazia culturale, ma ha portato a una sua trasformazione. Non più una casta chiusa e riservata a pochi privilegiati, l'aristocrazia culturale ha iniziato a mescolarsi con altre classi sociali e con una moltitudine di prospettive diverse. L'accesso alla cultura è diventato un diritto universale, ma questo non ha ridotto la sua potenza. Al contrario, ha permesso una nuova visione del gusto, più pluralista e diversificata, che, pur mantenendo alcune linee di continuità, ha ampliato i confini di ciò che è considerato "alto" o "basso" nella cultura.

Questo cambiamento non è stato senza tensioni. La democratizzazione del gusto ha portato a una proliferazione di nuovi canoni estetici, che talvolta sono stati accusati di svilire le tradizioni culturali più elevate. La massificazione della cultura, attraverso il consumismo e la produzione in serie, ha creato un divario tra ciò che è considerato autentico e ciò che è percepito come superficiale o commerciale. Eppure, proprio in questo spazio di tensione, l'aristocrazia culturale si è adattata, trovando nuovi modi di influenzare la società senza più esercitare il controllo esclusivo. Piuttosto che ignorare o respingere la cultura popolare, questa aristocrazia ha imparato a dialogare con essa, arricchendola con nuovi significati e stimoli.

Nel contesto odierno, l'aristocrazia culturale non è più solo legata a una cerchia ristretta di intellettuali o artisti di corte. Essa è ora composta da una rete globale di pensatori, creativi, innovatori e curatori di cultura che operano in una società sempre più interconnessa. Chi appartiene a questa nuova aristocrazia culturale non si distingue per il proprio titolo nobiliare o il proprio status sociale, ma per la capacità di influenzare e guidare le tendenze estetiche e intellettuali in modo significativo e originale. Oggi, un creativo o un pensatore che possiede una visione unica e che riesce a coniugare la tradizione con l'innovazione ha la possibilità di diventare una figura centrale nel panorama culturale globale, proprio come lo erano un tempo i grandi mecenati delle corti europee.

Ma nonostante questa nuova apertura, l'aristocrazia culturale continua a esercitare una forma di leadership. Sebbene la democratizzazione del gusto abbia reso la cultura più accessibile, essa ha anche permesso la diffusione di nuove forme di eccellenza, più sofisticate e meno convenzionali, che sono in grado di definire il futuro delle arti e della bellezza. In questo scenario, la cultura non è più divisa in "alte" e "basse" espressioni, ma in correnti di pensiero e stili che coesistono, dialogano e si influenzano reciprocamente. La vera aristocrazia culturale, quindi, non è solo quella che preserva i grandi classici, ma anche quella che sa riconoscere e valorizzare le nuove voci e le nuove forme di espressione.

In un mondo in cui il gusto è diventato un fenomeno collettivo, l'aristocrazia culturale si trova a dover ridefinire continuamente il proprio ruolo. Non è più un'elite che custodisce gelosamente il sapere, ma una comunità che sa valorizzare l'innovazione e la diversità, creando nuove vie per l'espressione e l'apprezzamento della bellezza. La democratizzazione del gusto, lungi dall'essere una minaccia per la cultura, ha arricchito il panorama estetico, permettendo a chiunque di accedere alle altezze della creatività, pur mantenendo una forma di distinzione culturale che premia l'autenticità, la ricerca e la visione profonda.

4. Il Linguaggio del Profumo

Profumo e memoria: il legame con le emozioni

Il profumo è una delle esperienze sensoriali più misteriose e potenti che possiamo vivere. A differenza della vista o dell'udito, che si affacciano immediatamente alla nostra coscienza, l'olfatto è un senso che opera a un livello più profondo, spesso subliminale. Il profumo non è solo una fragranza che cattura l'aria, ma un linguaggio che parla direttamente al nostro inconscio, evocando emozioni, ricordi e sensazioni che sembrano sfuggire alla nostra comprensione razionale.

Questo legame tra il profumo e la memoria è antico quanto l'umanità stessa. Il nostro cervello elabora gli odori in una zona del sistema limbico, l'area che regola le emozioni e la memoria. La particolare connessione tra olfatto ed emozioni è talmente intensa che i profumi sono in grado di evocare ricordi vividi di luoghi, persone o momenti che avevamo dimenticato, ma che riaffiorano con sorprendente chiarezza non appena una fragranza li stimola. È come se l'olfatto fosse una chiave che apre le porte di una memoria remota, riportando alla mente esperienze sepolte e rimosse.

Le emozioni evocate dal profumo sono di una forza rara e unica. A volte, un profumo può suscitare un'emozione immediata, come la gioia, la tristezza o la nostalgia. L'odore del pane appena sfornato può farci sentire al sicuro, a casa; una fragranza floreale può riportarci a un pomeriggio di primavera passato con qualcuno di speciale; l'aroma della pelle calda e del legno di sandalo può risvegliare ricordi di viaggi lontani, di culture diverse. In ogni caso, l'esperienza è sempre personale, intima e irripetibile.

Questa capacità del profumo di evocare ricordi e emozioni si radica nella nostra biologia. Gli odori non vengono filtrati attraverso il pensiero cosciente prima di raggiungere il nostro cervello, ma agiscono direttamente sulle aree emotive. Mentre una melodia o un'immagine richiedono un processo cognitivo per essere decodificati e interpretati, un odore entra nel nostro sistema e attiva risposte immediate, senza il bisogno di mediazione consapevole. È un modo di comunicare che bypassa la mente razionale e si connette direttamente con il nostro essere più profondo.

Ogni profumo, quindi, è un linguaggio che non solo esprime la bellezza o la sensualità di una composizione, ma racconta una storia. Ogni essenza, dalle note fresche e agrumate alle più calde e terrose, porta con sé un significato emotivo che può variare profondamente da persona a persona. Non esiste un profumo "universale", perché ogni individuo ha una relazione unica con gli odori che lo circondano, influenzata dalla propria storia, dalle proprie esperienze e dalle proprie emozioni. È questa soggettività che rende il profumo tanto affascinante quanto misterioso.

Il legame tra il profumo e le emozioni si traduce anche nell'arte della profumeria. I maestri profumieri non creano semplicemente fragranze, ma tessono storie emozionali. Ogni componente di un profumo è scelto non solo per la sua armonia olfattiva, ma anche per la capacità di evocare una risposta emotiva specifica. Le note più fresche, come gli agrumi, tendono a suscitare sensazioni di energia, vitalità e rinnovamento. Le note floreali, delicate e romantiche, possono evocare immagini di giardini primaverili o di affetti perduti. Le note legnose, profonde e calde, spesso richiamano la stabilità, il conforto o la nostalgia.

In questo contesto, il profumo diventa uno strumento attraverso il quale possiamo comunicare emozioni che non sarebbero facilmente esprimibili a parole. È un linguaggio universale che trascende le barriere culturali e linguistiche. Ogni fragranza è una narrazione senza parole, in grado di raccontare storie di affetto, perdita, speranza o desiderio, senza bisogno di fare ricorso a una traduzione verbale.

Il legame tra profumo e memoria è, quindi, una delle sue caratteristiche più straordinarie. Quando una fragranza risveglia un ricordo, lo fa con un'intensità che spesso va oltre la semplice reminiscenza. È come se il profumo potesse non solo risvegliare la memoria, ma anche rinvigorirla, dando vita a emozioni che sembravano sepolte da tempo. In questo modo, il profumo non è solo una traccia odorosa, ma un vero e proprio veicolo emozionale, capace di trasportarci indietro nel tempo, rendendo vivo e tangibile un momento che altrimenti sarebbe stato dimenticato.

Questa dimensione evocativa del profumo è ciò che lo rende particolarmente potente e affascinante. Un profumo può, infatti, diventare un compagno di vita, in grado di marchiare un'esperienza, una stagione, una relazione, creando una sorta di "memoria olfattiva" che resterà con noi per sempre. E quando ritorniamo a quella fragranza, essa non solo ci ricorda un passato, ma ci riporta anche in un'emozione che possiamo rivivere in tutta la sua intensità. Il profumo, quindi, non è solo un segno di identità, ma una traccia emotiva che si intreccia profondamente con la nostra esistenza.

Note olfattive e costruzione di un'identità sensoriale

Le note olfattive sono gli elementi fondamentali che costituiscono la complessità di una fragranza e, di conseguenza, la sua capacità di evocare emozioni, ricordi e sensazioni uniche. Ogni profumo, come una composizione musicale, si costruisce attraverso un'attenta selezione e combinazione di queste note, ognuna delle quali contribuisce a creare una narrazione sensoriale. E proprio come la musica, il profumo ha il potere di tracciare un'identità, di definire chi siamo, come ci percepiamo e come vogliamo essere percepiti.

Le note olfattive si dividono in tre categorie principali: note di testa, di cuore e di fondo. Le note di testa sono le prime che percepiamo quando annusiamo una fragranza; sono fresche, leggere e volatili, ma anche quelle che svaniscono più rapidamente. Le note di cuore emergono successivamente e sono il cuore della composizione, quelle che rimangono più a lungo, e spesso sono un equilibrio tra freschezza e intensità. Infine, le note di fondo sono le più profonde e persistenti, quelle che si rivelano con il tempo, aggiungendo complessità e carattere al profumo.

La costruzione di un'identità sensoriale attraverso il profumo non è solo una questione di selezionare note piacevoli o alla moda, ma implica una riflessione su chi siamo e su come vogliamo esprimerci attraverso il nostro olfatto. Ogni scelta di nota olfattiva può raccontare una parte della nostra storia, delle nostre preferenze, dei nostri sogni e desideri. Per esempio, le note agrumate, fresche e vivaci, possono riflettere una personalità dinamica, ottimista e gioiosa, mentre le note legnose o speziate, più calde e avvolgenti, possono essere indicative di una natura introspettiva, forte e misteriosa.

In questo processo, il profumo diventa uno strumento di personalizzazione, un modo per esprimere un'identità unica che va oltre l'abbigliamento o l'aspetto esteriore. La fragranza che scegliamo di indossare racconta una storia silenziosa, che può essere percepita da chi ci sta intorno senza bisogno di parole. Il profumo diventa, in qualche modo, una seconda pelle, un sigillo che ci distingue e che può comunicarci agli altri con la stessa forza con cui ci definisce a noi stessi. Non si tratta solo di piacere agli altri, ma di allineare la nostra identità fisica e psicologica con un linguaggio universale che colpisce direttamente l'inconscio.

Le note olfattive, infatti, si collegano strettamente alle emozioni e alle memorie, dando forma a un'identità sensoriale che non si limita a essere un mero accessorio estetico. Per esempio, la vaniglia, con la sua dolcezza calda e avvolgente, può richiamare un senso di comfort e sicurezza, mentre l'ambra, ricca e misteriosa, può suggerire una personalità sofisticata e intrigante. Le note floreali, come il gelsomino o la rosa, possono essere associate alla femminilità, alla delicatezza e all'affetto, mentre le note verdi o erbacee, fresche e naturali, evocano un legame con la natura, con la purezza e la tranquillità.

Quando una persona sceglie una fragranza, sta scegliendo, in un certo senso, un modo di raccontarsi. Ogni profumo, infatti, è in grado di evocare non solo un ricordo legato al passato, ma anche un'aspirazione verso il futuro. La fragranza può essere un veicolo di cambiamento, una chiave che ci aiuta a rivelare aspetti di noi che non conoscevamo o che desideriamo far emergere. Le fragranze possono, ad esempio, essere scelte per enfatizzare un lato della nostra personalità che altrimenti resterebbe nascosto. Indossare una fragranza che contiene note di muschio e cuoio può comunicare una forza interiore e una natura audace, mentre un profumo con note di lavanda e bergamotto può trasmettere serenità e equilibrio.

L'identità sensoriale che creiamo attraverso il profumo non è mai statica. Può evolvere nel tempo, così come cambiano le nostre esperienze, il nostro stato d'animo e le nostre aspirazioni. Proprio come possiamo cambiare il nostro guardaroba per adattarci alle stagioni o a nuove circostanze, possiamo scegliere nuove fragranze che rispecchiano la nostra crescita e il nostro cambiamento interiore. Ogni nuovo profumo può segnare una nuova fase della vita, un nuovo capitolo da scrivere nel nostro percorso personale.

Inoltre, il profumo diventa una sorta di "firmamento invisibile", un segno che accompagna il nostro passaggio e lascia un'impronta unica nel mondo. Gli altri possono riconoscere la nostra presenza anche senza vederci, semplicemente grazie all'odore che lasciamo dietro di noi. Questo è il potere straordinario del profumo: è una firma personale, capace di scolpire un'identità unica e difficile da dimenticare.

In definitiva, le note olfattive sono il linguaggio con cui costruiamo e comunichiamo la nostra identità sensoriale. Ogni fragranza è un mosaico di emozioni, desideri e ricordi, che si intrecciano per raccontare chi siamo e come ci vediamo nel mondo. Creare un'identità olfattiva è un atto di consapevolezza e di espressione personale, che ci consente di definire la nostra presenza e la nostra essenza attraverso il potere invisibile e intangibile del profumo.

I maestri profumieri e la ricerca della perfezione

La professione del maestro profumiere è un'arte raffinata che richiede una combinazione rara di talento innato, formazione rigorosa e una sensibilità acuta per le sfumature olfattive. I maestri profumieri non sono semplici creatori di fragranze, ma veri e propri alchimisti sensoriali, capaci di combinare centinaia di ingredienti per dare vita a composizioni che non solo suscitano emozioni e ricordi, ma raccontano storie uniche, svelando l'anima di chi le indossa. La ricerca della perfezione, in questo campo, non è solo una questione di tecniche o competenze, ma anche di visione artistica e profonda connessione con la natura e l'emotività umana.

I maestri profumieri sono, infatti, dei veri e propri esploratori sensoriali, alla continua ricerca di nuove note, nuove combinazioni e nuove ispirazioni. La loro formazione inizia solitamente in giovane età, con un lungo percorso di apprendimento che può durare anni, durante i quali imparano a conoscere le diverse famiglie olfattive, la chimica delle essenze e la capacità di creare armonie complesse che risultino, al contempo, equilibrate e sorprendenti. Questa preparazione non è solo teorica, ma estremamente pratica. I profumieri passano anni a "allenare" il loro olfatto, a distinguere le singole note da quelle che si combinano, a memorizzare un'incredibile varietà di ingredienti naturali e sintetici. La loro capacità di riconoscere un elemento, anche in una composizione complessa, è ciò che li rende esperti nel dar vita a fragranze che sembrano perfette, capaci di evocare il giusto stato d'animo e di colpire al cuore chi le indossa o le percepisce.

Per un profumiere, la ricerca della perfezione non è solo una questione di tecnica, ma di sensibilità artistica. Ogni profumo è una composizione, un'opera d'arte che si sviluppa come una sinfonia di emozioni e sensazioni. La sfida, dunque, non è solo quella di ottenere una fragranza che abbia un buon equilibrio tra le note, ma di creare una vera e propria "poesia olfattiva" che trascenda l'aspetto tecnico e tocchi le corde più profonde del cuore umano. Un maestro profumiere non cerca solo di "fare un buon profumo", ma di dare vita a una creazione che resista al tempo, che parli di eleganza, bellezza e personalità, che diventi un segno distintivo per chi la indossa.

La ricerca della perfezione nel mondo della profumeria è anche un continuo confronto con le tendenze e i cambiamenti del gusto. Un profumiere di talento deve essere capace di adattarsi, di cogliere il momento, ma senza mai perdere di vista la propria visione artistica e l'integrità del proprio lavoro. Le tendenze cambiano, le mode si evolvono, ma la vera arte della profumeria non segue mai ciecamente ciò che è popolare; piuttosto, si propone come una visione che vuole essere immortalata nella storia. Alcuni dei più grandi maestri profumieri sono riusciti a creare fragranze che hanno resistito alla prova del tempo, diventando icone del profumo e continuando a influenzare le generazioni successive.

La ricerca della perfezione si traduce, infine, in un'attenzione meticolosa ai dettagli. Ogni ingrediente deve essere scelto con cura, e ogni passaggio del processo deve essere eseguito con la massima precisione. La preparazione di un profumo è un processo che richiede pazienza e maestria, dove la giusta combinazione di materie prime può significare la differenza tra una fragranza mediocre e una creazione indimenticabile. I maestri profumieri, attraverso esperimenti, tentativi e errori, affinano le loro composizioni fino a raggiungere un punto di equilibrio perfetto, dove ogni nota si fonde con le altre in un'armonia perfetta.

In questo viaggio verso la perfezione, i maestri profumieri non si limitano a utilizzare solo materie prime di alta qualità, ma spesso ricercano le migliori essenze da terre lontane, dalle foreste tropicali alle colline mediterranee, per garantire che ogni fragranza racconti una storia autentica, ricca di tradizioni e di emozioni. La materia prima è fondamentale, ma il vero talento risiede nella capacità di trasformarla, di modellarla, di darle una nuova vita.

La creazione di un profumo perfetto non è mai un compito facile o scontato. È il frutto di anni di esperienza, studio e passione, di una continua ricerca di equilibrio e armonia. La perfezione, per un profumiere, non è un concetto statico, ma una continua evoluzione, un percorso che non ha mai fine, in cui ogni nuova fragranza è un passo verso una comprensione sempre più profonda dell'arte della profumeria e della sua capacità di toccare le emozioni umane. La perfezione olfattiva, quindi, non si trova in una formula magica o in un risultato definitivo, ma nel processo creativo stesso, nell'incessante ricerca di una nuova armonia, di una nuova espressione sensoriale che possa affascinare, emozionare e, infine, conquistare.

5. L'Abbigliamento come Manifesto

La moda come forma di comunicazione

L'abbigliamento è molto più di un semplice strumento per coprire il corpo; è una forma di espressione, un linguaggio silenzioso capace di trasmettere idee, emozioni e appartenenze. Ogni dettaglio del nostro abbigliamento, dalla scelta dei tessuti alla combinazione dei colori, dalle linee dei tagli alla cura dei dettagli, comunica qualcosa di noi, della nostra personalità, del nostro stato d'animo e delle nostre aspirazioni. Nel corso della storia, la moda ha assunto una dimensione che trascende il suo valore funzionale per diventare un vero e proprio manifesto, uno strumento potentissimo di comunicazione.

Come la parola scritta o parlata, la moda è un mezzo per comunicare senza bisogno di proferire alcuna parola. Ogni capo di abbigliamento è, in un certo senso, un simbolo, una dichiarazione di intenti. Quando ci vestiamo, non lo facciamo solo per rispondere a un'esigenza pratica, ma anche per farci riconoscere, per definire un'identità, per aderire a un codice culturale e sociale. L'abbigliamento, infatti, è uno dei modi più immediati e visibili per veicolare la nostra appartenenza a un determinato gruppo, la nostra adesione a una tendenza o la nostra volontà di distinguersi. Da sempre, la moda è stata il terreno dove si sono giocati importanti messaggi politici, sociali e culturali.

Durante il XX secolo, ad esempio, la moda è diventata un potente veicolo per il movimento di emancipazione delle donne. I cambiamenti nei modelli di abbigliamento riflettevano l'evoluzione della società: la liberazione dal corsetto, l'introduzione dei pantaloni, la creazione di abiti più pratici e funzionali erano tutte manifestazioni di una nuova visione della femminilità. In maniera simile, la moda è stata spesso un mezzo di ribellione o di contestazione. I movimenti giovanili degli anni '60 e '70 hanno usato l'abbigliamento come una forma di espressione politica: i jeans strappati, le T-shirt con slogan, i colori psichedelici erano il simbolo di una generazione che rifiutava l'ordine sociale tradizionale e cercava una nuova visione del mondo.

Anche in epoche più recenti, l'abbigliamento continua a essere un mezzo per esprimere il proprio pensiero. Le collaborazioni tra stilisti e attivisti, le tendenze streetwear che mescolano estetica e messaggi sociali, e le collezioni che si concentrano su tematiche di sostenibilità, sono tutte manifestazioni di come la moda possa comunicare valori e istanze molto più grandi del semplice aspetto esteriore. Le tendenze si evolvono, ma il ruolo fondamentale della moda come linguaggio universale di comunicazione rimane invariato.

L'abbigliamento non solo parla di chi siamo, ma anche di come desideriamo essere visti dal mondo. La scelta di un look è spesso una dichiarazione di indipendenza, un'affermazione di status o, al contrario, un desiderio di rimanere lontani dalla ribalta. Le passerelle dei grandi stilisti non sono semplici spettacoli di moda, ma diventano vere e proprie dichiarazioni artistiche, in cui i vestiti non sono solo abiti, ma messaggi visivi che raccontano storie, sfidano convenzioni o celebrano la bellezza.

In questo contesto, la moda si trasforma in un veicolo di identità culturale. Le tradizioni sartoriali, le influenze etniche, le tendenze globali si mescolano, creando un linguaggio che parla a tutti, ma che può anche parlare ad ogni individuo in modo unico. La moda, quindi, è un linguaggio collettivo che abbraccia la diversità, che si fa specchio di una società in continua evoluzione, ma che al contempo può essere profondamente personale e intima. Le scelte di abbigliamento, dalla scelta del colore, al tipo di scarpe, al taglio dei capelli, contribuiscono a delineare un racconto di noi stessi che spesso non ha bisogno di parole.

Più di ogni altra cosa, l'abbigliamento comunica. Se la moda è il linguaggio, il nostro corpo è il supporto su cui essa agisce. Come ogni manifesto che si rispetti, anche il nostro abbigliamento è una testimonianza di un'idea, una posizione o una causa. L'abbigliamento è un atto di narrazione e, come ogni racconto che si rispetti, il suo significato si evolve, si reinventa, ma rimane comunque un mezzo potente e influente per comunicare chi siamo, cosa pensiamo e come desideriamo interagire con il mondo.

Simbologia degli abiti nelle varie epoche

Nel corso della storia, l'abbigliamento ha svolto un ruolo fondamentale non solo nella protezione del corpo, ma anche nel rappresentare valori sociali, culturali e ideologici. Ogni epoca ha attribuito significati specifici agli abiti, rendendoli simboli di status, potere, appartenenza e trasformazione. L'evoluzione dell'abbigliamento riflette, infatti, i cambiamenti sociali, politici e culturali che hanno attraversato le diverse epoche, diventando un linguaggio visivo in grado di comunicare messaggi complessi senza parole.

L'Antichità: Potere e Distinzione Sociale

Nelle antiche civiltà, come quella egizia, greca e romana, l'abbigliamento era strettamente legato al status sociale e alla posizione politica. Gli abiti non erano semplicemente una protezione contro gli elementi, ma un simbolo di potere, ricchezza e religiosità. In Egitto, ad esempio, i faraoni e i nobili indossavano tuniche finemente decorate con oro e pietre preziose, mentre i sudditi portavano abiti più semplici, spesso fatti di lino bianco, simbolo di purezza e dignità. In Grecia, la tunica (chitone) era il capo base dell'abbigliamento, ma il suo taglio e la sua fattura differivano a seconda della classe sociale. I cittadini liberi indossavano tuniche di lino, mentre gli schiavi e i prigionieri avevano abiti più rozzi e privi di ornamenti.

Anche a Roma, gli abiti avevano una forte connotazione di classe: la toga, ad esempio, era indossata dai cittadini liberi, mentre gli schiavi erano identificabili grazie agli abiti più umili. Gli imperatori romani, poi, si distinguevano per abiti di lusso, che segnavano non solo la loro posizione sociale, ma anche la loro autorità divina, in quanto considerati rappresentanti degli dèi sulla Terra.

Il Medioevo: Religiosità e Gerarchia Sociale

Nel Medioevo, l'abbigliamento divenne ancora più legato alla religiosità e alla gerarchia sociale. La chiesa esercitava un'influenza enorme sulla vita quotidiana, e l'abbigliamento rifletteva valori di modestia, umiltà e distacco dai piaceri terreni. I monaci e le suore indossavano abiti semplici, spesso di lana grezza, come simbolo di povertà e devozione. Al contrario, la nobiltà e la corte reale sfoggiavano abiti ricchi di decorazioni, tessuti pregiati e colori vivaci come il rosso e il viola, simboli di potere e prestigio. La "moda" medievale, seppur meno dinamica di quella dei periodi successivi, era comunque un chiaro segno di appartenenza e status, in quanto solo le classi privilegiate potevano permettersi certi tipi di stoffe e lavorazioni.

La simbologia dell'abito era anche un riflesso della divisione in classi: i contadini e i plebei indossavano vestiti modesti e pratici, realizzati con materiali economici, mentre la nobiltà si distingueva per la qualità dei tessuti, che venivano spesso arricchiti da ricami e gioielli.

Il Rinascimento: Ritorno alla Bellezza e all'Umanismo

Il Rinascimento segnò una rivoluzione anche nell'abbigliamento, che divenne un'espressione di ricchezza, bellezza e individualismo. La riscoperta dei classici greci e romani, unita alla crescente importanza dell'arte e della cultura, portò all'adozione di abiti più elaborati, spesso decorati con tessuti pregiati, ricami e pizzi. La nobiltà e i membri della corte erano facilmente riconoscibili per i loro abiti sontuosi, in cui il lusso e l'ostentazione del proprio status erano evidenti. Le vesti femminili, con corsetti stretti e gonne ampie, enfatizzavano la figura, simbolizzando la bellezza ideale dell'epoca, mentre gli uomini indossavano giacche rigide e pantaloni che riflettevano una nuova visione del corpo e del suo potenziale estetico.

Gli abiti non erano più solo segno di appartenenza sociale, ma diventavano anche strumenti di autodefinizione: l'individuo non era più solo un rappresentante di un gruppo, ma anche un essere unico che cercava di esprimere la propria individualità attraverso la propria apparenza. In questo periodo, l'abbigliamento divenne un vero e proprio veicolo di comunicazione, legato non solo al prestigio, ma anche alla propria visione estetica e intellettuale.

Il Seicento e il Settecento: Eleganza e Comodità

Nel Seicento e nel Settecento, l'abbigliamento si evolve ulteriormente, diventando ancora più elaborato, soprattutto nelle corti europee. Le parrucche, le cravatte, i corsetti e gli abiti con gonne rigide erano simboli di status, e la raffinatezza nell'abbigliamento era segno di potere e nobiltà. L'abito non era solo un elemento estetico, ma anche un simbolo di comportamenti e atteggiamenti sociali. Il benessere e la ricchezza venivano ostentati attraverso l'uso di tessuti pregiati, pizzi, sete, e abiti riccamente decorati.

Il Settecento, pur mantenendo l'ostentazione tipica delle corti, vede anche una certa evoluzione verso una moda più comoda e funzionale, in parte ispirata dai principi della razionalità e dell'illuminismo. Le prime forme di abbigliamento maschile e femminile che puntano alla comodità cominciano a prendere piede, ma sempre attraverso il filtro di un'etica estetica che rimane profondamente legata alla corte e all'eleganza.

Il XIX secolo: Industrializzazione e Democratizzazione della Moda

Con l'Industrializzazione e la nascita della borghesia, la moda inizia a diventare più accessibile, sebbene le differenze di classe rimangano evidenti. Le grandi case di moda, che cominciavano a prendere piede a Parigi e Londra, influenzano la moda di tutta Europa. Le donne indossano corsetti stretti e crinoline che enfatizzano la silhouette, mentre gli uomini iniziano ad adottare completi più formali e sartoriali, simbolo della nuova classe dirigente borghese.

La moda inizia a essere percepita come un modo per affermare la propria posizione sociale e per partecipare alla crescente democratizzazione della società. La possibilità di indossare abiti di alta qualità non era più prerogativa esclusiva della nobiltà, e le riviste di moda contribuiscono a diffondere nuovi modelli di stile e di eleganza, rendendo la moda una forma di comunicazione anche per le classi medie.

Il XX secolo: Rottura con il Passato e Moda come Forma di Ribellione

Nel Novecento, la moda assume un ruolo ancora più fondamentale come mezzo di espressione politica e culturale. Dalle prime avanguardie artistiche alle rivoluzioni sociali degli anni '60 e '70, l'abbigliamento diventa un simbolo di rottura con il passato, di affermazione della libertà individuale e di protesta contro le norme sociali. I movimenti giovanili, le subculture come i punk e i beatnik, e le rivoluzioni sessuali degli anni '60 utilizzano l'abbigliamento come un mezzo per manifestare il proprio dissenso e il desiderio di cambiamento. L'uso di abiti stravaganti, il recupero di stili del passato o l'invenzione di nuovi, diventano un linguaggio di ribellione contro le convenzioni sociali.

Le scelte di abbigliamento si diversificano e si moltiplicano, passando da un simbolo di appartenenza a una vera e propria dichiarazione di intenti. Oggi, la moda continua a riflettere e influenzare i cambiamenti sociali, e l'abbigliamento rimane uno strumento potentissimo di comunicazione personale e collettiva.

Nel corso delle epoche, l'abbigliamento ha assunto significati complessi e variabili, diventando un mezzo di comunicazione potente che non si limita a coprire il corpo, ma racconta storie, identità e valori. Oggi, come in passato, l'abbigliamento è un linguaggio che parla di chi siamo, di cosa rappresentiamo e di come ci relazioniamo con gli altri e con il mondo che ci circonda.

L'evoluzione del tailoring e del prêt-à-porter

L'evoluzione del tailoring e del prêt-à-porter è un racconto affascinante di trasformazioni stilistiche, sociali e culturali che si intrecciano per riflettere i cambiamenti nel mondo della moda e della società. Il tailoring, l'arte della sartoria su misura, è sempre stato sinonimo di un'eleganza senza tempo, una cura dei dettagli che richiede abilità artigianale e attenzione alle specificità del corpo umano. Questa tradizione risale a secoli fa, quando la creazione di un abito su misura non era solo una questione di estetica, ma un vero e proprio simbolo di status e di distinzione. Ogni capo, progettato per adattarsi perfettamente alla figura del cliente, portava con sé un valore intrinseco di esclusività, un'impronta di personalizzazione che parlava della maestria dell'artigiano e del gusto sofisticato di chi lo indossava. Il tailoring non era solo un mestiere, ma una filosofia di eleganza che metteva in primo piano la qualità, la precisione e il tempo dedicato alla realizzazione di ogni singolo dettaglio.

Con l'emergere del prêt-à-porter, la moda ha visto un cambiamento radicale. L'idea di abiti pronti da indossare ha preso piede come risposta alla crescente domanda di accessibilità e velocità. Il prêt-à-porter, pur mantenendo alcune caratteristiche del tailoring, ha reso possibile una produzione in serie che permetteva a un numero maggiore di persone di accedere a stili eleganti e sofisticati, ma senza l'intimità e la personalizzazione del su misura. Sebbene inizialmente il prêt-à-porter fosse visto come un compromesso rispetto alla sartoria tradizionale, nel tempo si è evoluto in una forma di espressione stilistica che ha saputo coniugare l'innovazione e la praticità con l'attenzione ai dettagli e alla qualità. Gli abiti pronti da indossare hanno reso la moda accessibile a una clientela più ampia, ma non hanno mai perso la loro connessione con le tendenze più raffinate e l'aspirazione all'eleganza.

L'evoluzione del tailoring e del prêt-à-porter non è solo una questione di tecniche di produzione, ma anche di cambiamenti nelle dinamiche sociali e culturali. Il tailoring, che una volta era un privilegio esclusivo della nobiltà e delle classi alte, ha visto l'influenza della democratizzazione della moda, portando l'eleganza nel quotidiano. Il prêt-à-porter ha contribuito a creare un ponte tra la sartoria d'élite e le esigenze della vita moderna, rispondendo al bisogno di praticità senza sacrificare la qualità. Oggi, molte case di moda cercano di mantenere il meglio di entrambe le tradizioni, creando collezioni che combinano l'artigianalità del tailoring con la produzione in serie del prêt-à-porter, riuscendo a soddisfare le aspettative di una clientela più vasta senza rinunciare all'eccellenza e al buon gusto.

La sfida contemporanea per il tailoring e il prêt-à-porter è quella di riuscire a mantenere l'autenticità e l'artigianalità pur rispondendo alle nuove esigenze di sostenibilità e innovazione. I progressi tecnologici e le nuove tecniche di produzione hanno trasformato il panorama della moda, ma la ricerca di equilibrio tra tradizione e innovazione rimane la chiave di una moda che non si limita a rispondere alle tendenze, ma che cerca di offrire una visione di stile duratura, senza tempo. Il tailoring, pur avendo perso una certa aura di esclusività, continua a rappresentare una forma di raffinatezza e cura dei dettagli che trova una nuova espressione anche nel prêt-à-porter, dove la qualità artigianale si fonde con l'accessibilità e la funzionalità. La vera evoluzione, quindi, sta nell'integrazione di questi due mondi, creando una moda che non solo celebra l'individualità, ma risponde anche alle sfide del presente e del futuro.

6. Fragranze e Tessuti

Dialogo tra profumo e abbigliamento

Il legame tra profumo e abbigliamento è un dialogo sensoriale che arricchisce e completa l'esperienza estetica di chi indossa un determinato capo. Così come i tessuti si intrecciano con il corpo, il profumo diventa un accessorio invisibile che, pur non essendo visibile, comunica un messaggio altrettanto potente. La relazione tra questi due mondi apparentemente distinti si sviluppa attraverso un gioco di contrasti, armonie e complementarità, che contribuiscono a definire l'identità di chi li sceglie.

Il Profumo come Estensione dell'Abbigliamento

Il profumo, come l'abbigliamento, è una forma di espressione personale. Mentre il tessuto di un capo definisce il corpo visivamente, il profumo lo fa a livello olfattivo, creando un'aura che lo circonda. In un certo senso, entrambe le forme di espressione contribuiscono a costruire un'identità. Mentre il vestito racconta la storia di chi lo indossa attraverso il colore, il taglio e la texture, il profumo racconta una storia ancora più intima, quella dei sensi, e del mondo emotivo di chi lo porta.

Il dialogo tra profumo e abbigliamento si sviluppa soprattutto attraverso l'integrazione dei materiali e delle fragranze. Alcuni tessuti, come il cashmere, la seta, o la lana, hanno una capacità unica di trattenere il profumo e di esaltarne la durata. La scelta del tessuto giusto, così come la scelta della fragranza, è un atto consapevole che può trasformare il semplice vestire in una vera e propria dichiarazione di stile. L'uso di una fragranza opulenta su un abito ricco di dettagli in seta, o di un'essenza fresca su un capo casual in cotone, non è solo una questione di estetica, ma di sintonia tra i materiali, che si completano a vicenda.

Il Contrasto tra Tessuti e Fragranze

Il contrasto tra i tessuti e le fragranze è un altro aspetto affascinante di questo dialogo. La scelta di una fragranza può rafforzare o contraddire l'essenza di un abito. Un abito elegante, realizzato in un tessuto ricco come il velluto o la seta, potrebbe essere accompagnato da una fragranza sofisticata, con note legnose o orientali, per evocare un'atmosfera di lusso e intimità. Al contrario, un abito più casual in denim o cotone potrebbe essere completato con un profumo fresco, agrumato o floreale, che crea un contrasto vivace con la sobrietà del tessuto.

Il contrasto non riguarda solo la consistenza o la forma del capo, ma anche il messaggio che si intende trasmettere. Mentre i tessuti pesanti e strutturati come la lana o il tweed possono evocare stabilità e forza, fragranze più leggere e aeree, come quelle agrumate o marine, possono donare un'impronta di freschezza e leggerezza. Allo stesso modo, un abito più fluido e morbido in chiffon o georgette potrebbe essere accompagnato da un profumo più ricco, con note orientali o legnose, per creare un equilibrio tra la leggerezza visiva del tessuto e la profondità del profumo.

Tessuti e Note Olfattive: L'Armonia del Complesso Sensory

L'armonia tra il profumo e il tessuto non dipende solo dalla scelta di note e materiali, ma anche dalla combinazione di intensità e durata. I tessuti più pesanti, come la pelle o il tweed, tendono a trattenere il profumo più a lungo, permettendo a una fragranza più forte o complessa di evolversi lentamente. Al contrario, i tessuti più leggeri, come il lino o la seta, hanno una capacità inferiore di trattenere le fragranze e, per questo, richiedono profumi freschi, vivaci o effimeri, che si svaniscono con la stessa leggerezza con cui sono stati applicati.

Le note di profumo, come quelle agrumate, floreali o fruttate, si legano meglio con tessuti leggeri e freschi, mentre note legnose, speziate e orientali sono più adatte a materiali più strutturati, come il velluto o la pelle. Tuttavia, le tendenze odierne nel design e nel profumo stanno sfumando queste rigidità. Molti stilisti e profumieri giocano con la possibilità di mescolare il pesante e il leggero, il caldo e il freddo, per creare una sintesi che non si limita a una divisione di contrasto, ma piuttosto a un gioco di sfumature in cui il corpo diventa un "veicolo" per la fragranza, tanto quanto il tessuto diventa il "veicolo" per l'aspetto esteriore.

Il Ruolo della Cultura e della Storia

Il legame tra profumo e abbigliamento ha anche un forte significato culturale e storico. Per secoli, fragranze e tessuti sono stati indicatori di classe sociale, potere e identità culturale. Nell'antichità, ad esempio, i profumi erano associati al lusso e alla nobiltà, così come i tessuti pregiati come la seta, che venivano riservati ai membri della corte e delle classi elevate. La combinazione di tessuti opulenti e fragranze ricche era quindi una manifestazione del potere e dello status sociale, un mezzo per comunicare al mondo la propria posizione.

Nel mondo contemporaneo, questa dinamica è cambiata, ma il legame tra profumo e abbigliamento continua a essere un potente strumento di comunicazione. Mentre il tessuto è spesso legato a tendenze e stili, il profumo resta qualcosa di più intimo e personale, ma non meno rilevante. Oggi, la moda e la profumeria non sono più riservate a una ristretta élite, ma sono un mezzo attraverso cui ogni individuo può esprimere se stesso, creando combinazioni uniche di profumo e abbigliamento che riflettono la propria personalità, storia e stato d'animo.

Il dialogo tra profumo e abbigliamento è un processo dinamico che continua a evolversi, ma che non perde mai il suo potere di emozionare e di raccontare una storia. In questo incontro sensoriale, tessuti e fragranze si fondono, arricchendo la percezione estetica e creando un linguaggio che va oltre l'aspetto visibile. La moda e la profumeria non sono mai state solo questioni di tendenze o di estetica superficiale; sono, in definitiva, forme di espressione che ci permettono di definire chi siamo, come vogliamo essere visti e come desideriamo farci sentire nel mondo.

Materiali pregiati e la loro influenza estetica

L'uso di materiali pregiati nell'abbigliamento e nell'accessorio non è mai solo una questione di eleganza o lusso, ma una vera e propria espressione culturale e artistica che ha una forte influenza sull'estetica complessiva. Questi materiali, attraverso la loro texture, la loro lucentezza e la loro durabilità, contribuiscono a trasmettere un messaggio di raffinatezza e ricercatezza che va oltre il semplice abito, immergendosi nel cuore di ciò che rappresentano.

La Seta: Eccellenza e Leggerezza

La seta, uno dei materiali più pregiati e storicamente significativi, è l'emblema di eleganza e raffinatezza. Originaria della Cina, la seta è stata sin dai tempi antichi un simbolo di potere, prestigio e lusso. La sua lucentezza naturale, la morbidezza al tatto e la capacità di adattarsi perfettamente alla forma del corpo, la rendono un materiale senza pari per la creazione di abiti da sera, abiti da cerimonia e lingerie.

La seta ha una capacità unica di riflettere la luce, il che le conferisce un effetto visivo di profondità e tridimensionalità. Le sue proprietà di regolazione termica, che la rendono fresca d'estate e calda d'inverno, sono un'altra ragione della sua continua affermazione nell'alta moda. Esteticamente, la seta evoca sensazioni di leggerezza e fluidità, ed è particolarmente apprezzata per la sua capacità di drappeggiarsi e modellarsi delicatamente sul corpo, creando silhouette sottili e aggraziate.

La seta è anche un materiale fortemente associato a una visione estetica di lusso classico, in grado di comunicare un senso di esclusività. Abiti realizzati in seta sono perciò non solo eleganti, ma anche intrisi di una storia, diventando simboli di raffinatezza e buon gusto.

La Lana: Eleganza e Sostenibilità

La lana è un altro materiale che ha da sempre giocato un ruolo fondamentale nell'eleganza classica. Utilizzata sin dall'antichità, la lana è la base di molti dei capi più iconici della moda maschile e femminile, come i completi, gli abiti da lavoro e i cappotti. Il suo potere isolante, unito alla sua elasticità naturale, la rende ideale per abiti che devono combinare funzionalità e raffinatezza.

Il tailoring, ovvero l'arte di fare abiti su misura, si afferma in gran parte grazie alla versatilità della lana, che permette ai sarti di creare forme rigide e strutturate, come quelle che caratterizzano i completi maschili, ma anche di lavorare su abiti più morbidi e fluidi. L'abbigliamento in lana ha un'estetica sofisticata e a lungo raggio, poiché il materiale si adatta ai cambiamenti di stagione e rispetta un'armonia visiva, senza mai risultare pesante o eccessivo.

In termini estetici, la lana è sinonimo di eleganza sobria e discreta. Nonostante la sua presenza possente, la sua consistenza è capace di offrire un comfort visivo e fisico che non rinuncia mai alla raffinatezza. La sua capacità di essere tinto in una vasta gamma di colori le permette di adattarsi a qualsiasi palette stilistica, rendendo ogni creazione unica.

Il Velluto: Ricchezza e Opulenza

Il velluto è uno dei materiali più lussuosi e scenografici, usato da secoli per creare capi che trasmettono ricchezza, potere e statura sociale. Il suo aspetto visivo è dominato da una trama morbida e compatta che riflette la luce in modo unico, creando giochi di ombra e brillantezza che conferiscono agli abiti un carattere sofisticato e sensuale.

La sua origine risale al Medioevo, quando era un materiale riservato esclusivamente all'aristocrazia e ai membri delle corti reali. Oggi, sebbene il velluto sia accessibile a un pubblico più ampio, continua a evocare un senso di opulenza che lo rende perfetto per occasioni formali e per l'alta moda. Il velluto è particolarmente apprezzato nelle stagioni più fredde, grazie alla sua capacità di trattenere il calore, pur mantenendo un'estetica delicata e raffinata.

Esteticamente, il velluto comunica un'idea di lusso che si associa immediatamente all'eleganza più tradizionale, con il suo aspetto ricco e il suo tocco morbido e vellutato. Gli abiti in velluto sono tipicamente associati a una bellezza senza tempo e alla sensazione di una raffinatezza fuori dal comune.

Il Cuoio: Forza e Raffinatezza

Il cuoio è un materiale che da sempre simboleggia la durezza e la robustezza, ma che, quando lavorato con maestria, può diventare anche sinonimo di eleganza e raffinatezza. È un materiale che, nonostante la sua solidità, possiede un fascino particolare: la sua patina naturale migliora con il tempo, sviluppando una texture che racconta la storia del suo utilizzo. Il cuoio è da sempre associato alla moda maschile, con capi iconici come giacche, cinture e scarpe che hanno segnato generazioni di stilisti e consumatori.

Il cuoio ha una forza estetica innegabile: la sua rigidità iniziale si trasforma lentamente in una morbidezza che assume una bellezza caratteristica e unica, conferendo agli abiti un aspetto distintivo. Questo contrasto tra forza e raffinatezza è ciò che conferisce al cuoio una qualità senza pari, che lo rende ideale sia per creazioni dallo stile più casual che per abiti più formali.

La sua esteticità è particolarmente evidente nei dettagli e nelle rifiniture, dove la qualità del cuoio risalta per la sua lucentezza naturale. Un abito in cuoio ben realizzato rappresenta una fusione perfetta tra tradizione artigianale e modernità, diventando un simbolo di potere e prestigio.

L'impiego di materiali pregiati non è mai una scelta casuale nell'ambito dell'abbigliamento e dell'accessorio. Ognuno di questi materiali, dalla seta alla lana, dal velluto al cuoio, porta con sé un'immagine estetica ricca di simbolismo, storia e potere. La loro influenza estetica è profonda e sfaccettata: da un lato, questi materiali trasmettono un senso di lusso e raffinatezza; dall'altro, conferiscono agli abiti una funzione pratica e una qualità che li rende senza tempo.

Oggi, la moda continua a utilizzare questi materiali per creare abiti che non solo rispondano alle necessità funzionali, ma che raccontino una storia di eleganza, tradizione e innovazione. La scelta di un materiale pregiato diventa quindi un atto di dichiarazione, un modo per trasmettere il proprio stile e la propria identità, unendo bellezza, qualità e significato in un unico, perfetto equilibrio.

Le tecniche di produzione e l'artigianato di lusso

L'artigianato di lusso è l'essenza del valore che si cela dietro ogni prodotto esclusivo, dove la maestria e il rispetto per la tradizione si incontrano con l'innovazione. Le tecniche di produzione di alta gamma non sono solo processi di creazione di beni, ma veri e propri rituali che elevano il prodotto a un'opera d'arte. Ogni fase della realizzazione di un capo o di un accessorio di lusso è studiata per garantire non solo la qualità, ma anche l'unicità e l'esclusività. L'artigianato, in questo contesto, rappresenta un punto di incontro tra il passato e il futuro, tra il sapere tradizionale e l'innovazione tecnologica.

L'Arte del Tailoring: La Sartoria Su Misura

Il tailoring è senza dubbio una delle forme più alte di artigianato di lusso. Il concetto di sartoria su misura è un processo che combina la competenza tecnica del sarto con l'individualità del cliente. Ogni capo su misura, che si tratti di un completo maschile, di una giacca femminile o di un abito da cerimonia, nasce da un'accurata misurazione del corpo e da un attento studio delle proporzioni. La realizzazione di un abito su misura richiede ore di lavoro, spesso anche giorni, in cui ogni dettaglio è curato con attenzione meticolosa.

Il processo inizia con la scelta dei tessuti, che devono rispondere non solo a criteri estetici ma anche a quelli funzionali, come la durata e la resistenza. Successivamente, il sarto realizza un primo modello, un "bastone", che viene adattato e modificato sulla base delle caratteristiche fisiche del cliente. Questo è uno dei momenti più significativi della sartoria, poiché la creazione del modello iniziale stabilisce la base per il capo finale, che sarà tagliato, cucito e rifinito a mano, spesso con tecniche tramandate di generazione in generazione.

Un abito sartoriale di lusso non è solo un vestito, ma un'esperienza che coinvolge ogni singolo dettaglio, dall'assemblaggio della fodera alla scelta dei bottoni, dalle cuciture interne alla qualità dei materiali usati. Ogni punto di cucitura è realizzato con una precisione che è tanto tecnica quanto artistica. In questo processo, l'artigianato non è solo un mestiere, ma una vera e propria forma d'arte.

La Pelletteria: L'Arte del Cuoio

La pelletteria di lusso rappresenta un altro settore emblematico dell'artigianato di alta gamma. Le borse, le scarpe e gli accessori in cuoio di lusso sono prodotti che richiedono abilità e precisione. Ogni prodotto in cuoio è il risultato di un lungo processo che inizia con la selezione delle migliori pelli, provenienti da allevamenti che rispettano standard elevati di qualità e sostenibilità.

Il processo di lavorazione del cuoio è estremamente complesso e include diverse fasi: la concia, che rende il cuoio resistente e duraturo; il taglio, che deve essere perfetto per garantire la simmetria e la coerenza del prodotto finale; la cucitura, che viene eseguita a mano con filati pregiati e aghi speciali per assicurare solidità ed estetica. Ogni pezzo di cuoio viene trattato con metodi che preservano la sua bellezza naturale, come la lavorazione a mano e l'utilizzo di tinture vegetali.

Nel settore della pelletteria di lusso, le tecniche tradizionali si uniscono spesso a innovazioni moderne, come la tintura ad immersione o l'uso di nuove finiture che esaltano le caratteristiche del cuoio, pur mantenendo la sua qualità intrinseca. Ogni creazione in pelle di lusso non è solo un accessorio, ma un simbolo di maestria artigianale, che si distingue per la sua durata nel tempo e la sua capacità di maturare con l'uso.

La Haute Joaillerie: L'Arte della Gioielleria

La gioielleria di alta gamma, o haute joaillerie, rappresenta uno degli apici dell'artigianato di lusso. La creazione di un gioiello di lusso è un processo che richiede una perfezione tecnica straordinaria, una passione per i dettagli e un'incredibile abilità manuale. Ogni gioiello nasce da un'idea che si trasforma in un disegno, seguito da un modello in cera o in metallo, da cui si ricava il prodotto finale.

La selezione delle pietre è uno dei momenti più critici nella realizzazione di un gioiello di lusso. Le gemme vengono accuratamente scelte per la loro qualità, il loro taglio e la loro purezza, e ogni pietra viene montata con una tecnica di incastonatura che garantisce non solo la sicurezza della gemma, ma anche la sua valorizzazione estetica. Le tecniche di lavorazione dei metalli, come l'intaglio, la fusione e la saldatura, sono spesso eseguite a mano, con strumenti che richiedono una grande maestria.

La gioielleria di lusso è un esempio di come l'artigianato possa trasformarsi in arte, poiché ogni pezzo racconta una storia attraverso le sue forme, i suoi dettagli e la sua storia di creazione. Un gioiello di alta gamma non è mai solo un ornamento, ma un simbolo di ricchezza, eleganza e distinzione.

Innovazione e Tradizione: Il Connubio Perfetto

Nel mondo dell'artigianato di lusso, l'innovazione non è mai fine a sé stessa, ma si inserisce in un contesto di tradizione. Le tecniche artigianali moderne, infatti, si fondano sempre su una base di conoscenze tradizionali che si tramandano nel tempo. Se da un lato le tecnologie moderne, come la stampa 3D o l'uso di software per il design, hanno ampliato le possibilità nella creazione di prodotti, dall'altro lato non si è mai perso il legame con la manualità e la cura dei dettagli che caratterizzano l'artigianato di alta qualità.

L'abilità di un artigiano di lusso non sta solo nel padroneggiare una tecnica, ma nel saperla reinterpretare e adattare alle esigenze contemporanee, mantenendo però sempre il rispetto per la tradizione. Questo connubio tra passato e futuro è ciò che rende l'artigianato di lusso una forma d'arte senza tempo.

Le tecniche di produzione e l'artigianato di lusso sono fondamentali per creare prodotti che vanno oltre il semplice oggetto materiale, diventando vere e proprie opere d'arte. Ogni fase della creazione, dalla scelta dei materiali alla lavorazione finale, contribuisce a definire la qualità e l'esclusività di un prodotto di lusso. L'artigianato di alta gamma non è solo un mestiere, ma una passione che si traduce in un'esperienza unica e irripetibile, capace di conferire a ogni pezzo un valore che trascende il tempo e lo spazio, creando oggetti che durano nel tempo e raccontano storie di tradizione, maestria e innovazione.

7. Simboli e Codici dell'Estetismo

L'importanza dei dettagli nell'aristocrazia dello stile

L'estetismo, come movimento filosofico e culturale, ha avuto una profonda influenza sull'evoluzione dello stile, in particolare nell'aristocrazia, dove il concetto di eleganza è intrinsecamente legato alla cura dei dettagli. In questo contesto, i dettagli non sono semplici elementi decorativi, ma rappresentano un codice invisibile che distingue l'autentico stile aristocratico da qualsiasi imitazione. Ogni piccolo particolare, dalla scelta dei tessuti alla precisione delle cuciture, fino alla cura dei colori e delle linee, costituisce una lingua visiva che comunica raffinatezza, cultura e consapevolezza estetica.

I Dettagli come Espressione di Identità

Nell'aristocrazia dello stile, ogni dettaglio è un segno di identità personale. Non si tratta solo di un'apparenza esteriore, ma di un linguaggio silenzioso che esprime chi si è e quali valori si incarnano. In questo senso, i dettagli non sono mai casuali; ogni elemento di un abito, ogni accessorio, ogni scelta di colore e di tessuto è pensato per rispecchiare l'individualità di chi lo indossa, ma anche per comunicare un senso di appartenenza a una tradizione che va oltre il tempo e lo spazio. L'abito diventa così una forma di espressione culturale, un codice che parla di classe, educazione e sensibilità estetica.

Ad esempio, un orlo impeccabile, una cravatta di seta in una tonalità ricercata, un bottone in madreperla: ogni scelta è studiata per trasmettere una sensazione di completezza e perfezione. Nell'aristocrazia dello stile, è la somma di questi dettagli a definire l'immagine complessiva, che diventa tanto più raffinata quanto più i particolari sono curati con attenzione e dedizione.

La Perfezione nelle Proporzioni e nei Tagli

La bellezza dell'estetismo si manifesta anche attraverso la perfezione delle proporzioni e dei tagli, che sono elementi chiave nella costruzione di un look aristocratico. Un abito ben concepito, infatti, non solo deve essere perfettamente tagliato e cucito, ma deve anche rispettare l'armonia visiva del corpo. L'equilibrio tra i diversi elementi dell'outfit, come il taglio della giacca, la lunghezza dei pantaloni o la piega di una camicia, contribuisce a creare un'immagine che è esteticamente piacevole e naturalmente raffinata.

I dettagli relativi alle proporzioni vanno oltre la semplice vestibilità, diventando un codice silenzioso che segnala una profonda comprensione della moda e della propria silhouette. Il giusto taglio non è mai un'imitazione di tendenze temporanee, ma una scelta consapevole che conferma una classe innata, una sicurezza nella propria immagine che solo chi appartiene a un certo livello aristocratico sa trasmettere.

La Qualità dei Materiali: Un Codice Silenzioso

Un altro dettaglio fondamentale nell'aristocrazia dello stile è la scelta dei materiali, che devono essere non solo pregiati, ma anche perfetti sotto ogni aspetto. L'alta moda aristocratica non si limita ad abiti lussuosi, ma si impegna nella ricerca di tessuti che abbiano una qualità senza pari, una texture che si distingue non solo al tatto, ma anche nella luce, nella resa dei colori e nelle rifiniture.

Materiali come la seta, il cashmere, il velluto, il lino finemente lavorato, il cuoio morbidissimo o la lana merino sono scelti per la loro durabilità, ma anche per l'effetto estetico che producono. La qualità di un abito aristocratico non si misura solo con il suo aspetto, ma anche con la sua capacità di resistere al tempo, mantenendo intatta la sua bellezza anche dopo anni di utilizzo.

Anche le cuciture, spesso invisibili a chi osserva distrattamente, sono un segno distintivo di alta classe. Un abito cucito a mano, con cuciture fini e precise, che non si notano ma che esprimono l'abilità e la maestria del sarto, è uno dei tratti distintivi dell'eleganza aristocratica. Questi dettagli, che per molti passano inosservati, sono in realtà il cuore pulsante dello stile di alta classe.

L'Accessorio come Elemento di Distinzione

Gli accessori sono uno degli strumenti più potenti per esprimere l'aristocrazia dello stile. Una cravatta di seta, un orologio d'oro, una sciarpa di cashmere o un paio di scarpe in pelle finemente lavorata non sono mai semplici oggetti funzionali, ma pezzi di un puzzle estetico che completano e arricchiscono l'immagine complessiva. La scelta dell'accessorio giusto, che risponda non solo a un criterio di bellezza ma anche di coerenza con l'insieme, è ciò che fa la differenza tra l'eleganza ordinaria e quella aristocratica.

Gli accessori sono il mezzo attraverso il quale si può fare una dichiarazione di classe, senza che l'attenzione ricada mai su di essi in modo troppo vistoso. È nella sottigliezza e nella raffinatezza che l'aristocrazia dello stile trova la sua espressione. Un bottone in madreperla, un paio di gemelli in oro o una borsa in pelle pregiata diventano segni distintivi di un gusto sopraffino, che non ha bisogno di apparire eccessivo per essere riconosciuto come simbolo di eccellenza.

Il Ruolo della Consapevolezza e della Cultura Estetica

Un aspetto fondamentale dei dettagli nell'aristocrazia dello stile è la consapevolezza culturale ed estetica che il suo portatore possiede. Non si tratta solo di indossare abiti e accessori di alta qualità, ma di saperli scegliere con una conoscenza profonda delle tradizioni stilistiche, della storia della moda e della cultura visiva. Un aristocratico dell'estetismo sa che l'abito non è mai un elemento isolato, ma deve essere pensato in relazione al contesto in cui viene indossato, alla storia che porta con sé e al messaggio che si vuole comunicare.

Il dettaglio, quindi, diventa anche un elemento di cultura visiva. Ogni scelta, dal taglio dell'abito alla posizione della piega, dal colore della camicia alla lunghezza dei pantaloni, è un richiamo alla tradizione estetica, una dichiarazione di appartenenza a un mondo dove la perfezione non è solo un obiettivo, ma una filosofia di vita.

L'aristocrazia dello stile si distingue per un'attenzione meticolosa ai dettagli, dove ogni elemento – dalla qualità dei materiali alla precisione dei tagli, dall'armonia delle proporzioni alla scelta degli accessori – contribuisce a creare un'immagine di raffinatezza, cultura e classe. In questo contesto, i dettagli non sono mai casuali, ma rappresentano un linguaggio che comunica silenziosamente un alto grado di consapevolezza estetica, una padronanza delle tecniche stilistiche e una comprensione profonda di ciò che significa appartenere a una tradizione aristocratica di stile. L'eleganza aristocratica è fatta di questi piccoli, ma fondamentali, gesti che, nel loro insieme, creano una bellezza senza tempo.

Colori, texture e accessori distintivi

Nell'aristocrazia dello stile, il concetto di eleganza si sviluppa non solo attraverso la qualità dei materiali e la perfezione del taglio, ma anche mediante l'uso sapiente di colori, texture e accessori distintivi. Questi elementi, quando scelti con consapevolezza, non solo arricchiscono l'aspetto esteriore, ma raccontano una storia di raffinatezza, cultura e distinzione. Ogni dettaglio visivo diventa un messaggio, una dichiarazione silenziosa che si inserisce in un contesto più ampio di appartenenza e consapevolezza estetica. La combinazione di colori, la selezione delle texture e la scelta degli accessori si rivelano quindi come un linguaggio sofisticato che esprime identità, valori e status.

Il Ruolo dei Colori nell'Estetica Aristocratica

I colori sono uno degli strumenti più potenti nell'arsenale dello stile aristocratico. Non si tratta solo di scegliere colori alla moda o di tendenze momentanee, ma di selezionare tonalità che abbiano un significato profondo, che comunichino raffinatezza, serietà e, al contempo, un sottile gioco di contrasto ed eleganza. L'uso dei colori nell'aristocrazia dello stile è una questione di equilibrio, in cui l'armonia visiva e la coerenza con l'intero outfit sono essenziali.

I colori scuri, come il nero, il blu navy, il grigio antracite e il verde bottiglia, sono sinonimo di eleganza sobria e senza tempo, e sono spesso utilizzati per abiti formali o da sera. Questi colori non sono solo pratici o discreti, ma hanno una capacità innata di esprimere raffinatezza e autorevolezza. Tuttavia, l'estetica aristocratica non rinuncia alla bellezza dei colori più chiari e luminosi: il bianco, il crema, il beige e il giallo dorato sono utilizzati per aggiungere luminosità, freschezza e delicatezza, creando un gioco di luci e ombre che evidenzia la forma e la silhouette.

I colori metallici, come l'oro, l'argento o il bronzo, sono frequentemente usati come accenti, sia nell'abbigliamento che negli accessori. Questi toni non solo richiamano l'idea di lusso, ma danno vita a una texture visiva che amplifica la presenza di chi li indossa senza mai risultare eccessivi o appariscenti.

La Magia delle Texture: Un Gioco di Sensazioni

Le texture, o meglio, la combinazione e l'armonia delle diverse superfici, sono un altro aspetto fondamentale nell'estetica aristocratica. Ogni materiale, dalla seta al velluto, dalla lana alla pelle, ha una propria "voce" che contribuisce a definire la personalità di un capo. La texture non è solo un fattore tattile, ma anche visivo: un tessuto come il broccato o il jacquard, ad esempio, può aggiungere una dimensione tridimensionale a un abito, mentre il cotone o la lino contribuiscono a creare un effetto più naturale e rilassato.

La scelta delle texture può inoltre influenzare l'effetto luminoso di un capo. Un abito di seta, ad esempio, cattura la luce in modo diverso rispetto a un abito di lana, creando riflessi che conferiscono dinamismo all'outfit. L'utilizzo di tessuti pregiati e le loro combinazioni raffinate – ad esempio, il contrasto tra il velluto e la seta o tra il cashmere e la pelle – non solo denota un gusto superiore, ma dà al capo una sensazione di profondità e di ricchezza.

La texture può anche essere utilizzata per sottolineare la funzionalità e la resistenza di un capo. La pelle, con la sua consistenza solida e resistente, è spesso scelta per accessori distintivi, come borse e scarpe, mentre i tessuti più leggeri come la lana merino o il cashmere sono prediletti per abiti da giorno che richiedono una morbidezza al contatto con la pelle.

Gli Accessori come Elemento Distintivo

Gli accessori sono i dettagli che completano e definiscono l'estetica aristocratica. Non si tratta di semplici aggiunte all'outfit, ma di elementi fondamentali che esprimono eleganza e personalità. Nella tradizione aristocratica, gli accessori sono scelti con attenzione, e la loro qualità è sempre pari a quella dei capi d'abbigliamento.

I gioielli, ad esempio, sono simboli di raffinatezza e status. Ma la loro funzione va oltre quella puramente decorativa: un anello d'oro, un paio di gemelli in madreperla o un orologio d'oro non sono solo oggetti da indossare, ma veri e propri codici di identità. Ogni gioiello, infatti, racconta una storia e si inserisce in una tradizione che affonda le radici nel passato, contribuendo a rafforzare l'immagine aristocratica.

Gli accessori in pelle, come le borse o le scarpe, sono altrettanto significativi. La pelle, soprattutto se lavorata a mano, è simbolo di eleganza e solidità. Borse di qualità, magari personalizzate con dettagli in oro o argento, non sono semplicemente pratiche, ma diventano simboli di status. Le scarpe, che siano scarponi eleganti o mocassini raffinati, sono l'ultimo tocco che completa l'outfit, contribuendo a definire l'intera immagine visiva.

Le sciarpe, i cappelli e le cravatte, pur essendo accessori più piccoli, svolgono un ruolo altrettanto importante. La cravatta di seta, in particolare, è uno degli accessori più iconici nell'abbigliamento maschile aristocratico. Scegliere una cravatta dai colori sobri, ma con una qualità e una lavorazione impeccabili, diventa un segno di eleganza discreta e di cultura. Allo stesso modo, una sciarpa di cashmere o una pochette di lino possono donare a un abito la giusta dose di eleganza senza mai risultare ostentati.

L'Armonia tra Colori, Texture e Accessori

La chiave per raggiungere l'armonia perfetta nell'estetica aristocratica è l'equilibrio tra colori, texture e accessori. Ogni elemento deve dialogare con gli altri in modo naturale, senza mai sovrastare l'uno sull'altro. I colori non devono mai essere troppo contrastanti, ma devono essere scelti in modo che, pur nella loro varietà, creino un effetto di continuità visiva. Le texture devono armonizzarsi tra loro, contribuendo a creare un contrasto interessante ma mai forzato. Gli accessori, infine, devono completare l'outfit, senza mai distrarre l'attenzione, ma enfatizzando l'eleganza complessiva.

Ogni dettaglio, dai colori alla texture, dagli accessori alla scelta dei materiali, diventa parte di una narrazione visiva che è tanto estetica quanto concettuale. In questo senso, l'estetica aristocratica non è mai casuale, ma sempre pensata e calibrata, per esprimere un'idea di bellezza che trascende il tempo e rimane distintiva, elegante e senza pari.

Colore, texture e accessori sono le chiavi che aprono le porte all'aristocrazia dello stile. Ogni scelta fatta in questi ambiti ha il potere di trasformare un abito ordinario in un'opera di eleganza raffinata, capace di raccontare una storia di classe, di cultura e di identità. Il vero lusso si esprime nella cura dei dettagli, nella capacità di combinare elementi diversi per creare un effetto complessivo che è tanto visivo quanto simbolico. Solo con una padronanza completa di questi aspetti, l'aristocrazia dello stile può diventare una realtà tangibile, dove l'armonia tra colori, texture e accessori diventa il linguaggio di chi sa distinguersi senza mai eccedere.

Le influenze dell'arte e della cultura nell'estetica

L'estetica aristocratica è profondamente intrecciata con le influenze dell'arte e della cultura, che ne modellano non solo la forma, ma anche il significato. Ogni elemento di un abito, ogni dettaglio in un accessorio, è un riflesso di tradizioni artistiche e culturali che hanno attraversato i secoli, contribuendo a creare un linguaggio visivo che va oltre l'apparenza. L'arte, con la sua capacità di esprimere l'invisibile attraverso il visibile, diventa un veicolo privilegiato per comunicare l'eleganza, l'intelligenza e il gusto superiore di chi vive nell'aristocrazia dello stile.

Le influenze artistiche si manifestano prima di tutto nell'uso dei colori, delle forme e dei motivi. L'arte rinascimentale, ad esempio, ha influito sulla scelta di tonalità ricche e profonde, che richiamano la raffinatezza delle opere pittoriche dell'epoca. I dettagli decorativi, ispirati ai dipinti e alle sculture, si riflettono nei motivi tessili e nelle cuciture, creando una continuità tra l'abito e l'opera d'arte. I toni oro, argento e bronzo, così frequenti nell'arte barocca, si trovano spesso nei dettagli degli accessori, dando un'idea di lusso e di grandezza.

Inoltre, l'architettura, con la sua maestosità e precisione geometrica, ha contribuito a influenzare le linee e le proporzioni dei capi d'abbigliamento. La simmetria e l'equilibrio, così presenti nelle costruzioni classiche, si riflettono nella progettazione di abiti che, pur evolvendosi nei secoli, non perdono mai di vista l'armonia delle forme. Ogni taglio, ogni piega, ogni cucitura diventa un richiamo a una cultura che celebra l'ordine e la bellezza.

Anche la cultura letteraria ha un ruolo determinante nell'estetica aristocratica. La passione per la letteratura e la filosofia si riflette in un gusto che non è solo visivo, ma anche intellettuale. I libri, le citazioni e le idee che hanno segnato epoche storiche vengono ripresi nelle scelte stilistiche, e l'abito diventa così una sorta di "pagina bianca" che racconta una storia culturale. L'intelligenza e la profondità di chi indossa un abito aristocratico si esprimono anche attraverso la consapevolezza di questi riferimenti culturali, che non sono mai esplicitamente dichiarati, ma si intuiscono nel gesto, nel movimento e nelle scelte.

L'influenza dell'arte non è però solo un'imitazione, ma una reinterpretazione. L'aristocrazia dello stile non si limita a riprodurre modelli estetici, ma li trasforma in un linguaggio unico che parla di personalità, di individualità e di appartenenza a una classe che non si misura solo in termini materiali, ma anche spirituali. L'arte diventa così il filtro attraverso cui ogni dettaglio prende vita, e ogni elemento dell'outfit si carica di un significato che va oltre la superficie. L'abito non è mai un oggetto sterile, ma un'opera che, come un quadro, deve essere osservata, compresa e, soprattutto, vissuta.

In definitiva, l'estetica aristocratica si nutre di un dialogo continuo con l'arte e la cultura. È un linguaggio visivo che esprime una profondità intellettuale e spirituale, capace di rivelare chi siamo e cosa rappresentiamo. Ogni elemento, dai colori agli accessori, è intriso di riferimenti culturali che arricchiscono e nobilitano l'immagine di chi indossa questi capi, trasformando l'abbigliamento in una vera e propria forma d'arte.

8. Avanguardia e Tradizione

Innovazione senza perdere l'essenza storica

L'avanguardia e la tradizione sono due forze complementari che si intrecciano nell'estetica aristocratica, dando vita a un equilibrio perfetto tra innovazione e rispetto per la storia. Questo binomio rappresenta un cammino che non rinuncia alle radici culturali e stilistiche del passato, ma che sa adattarsi ai cambiamenti, offrendo nuove interpretazioni senza mai perdere di vista l'essenza di ciò che ha reso grande il passato. L'avanguardia, quindi, non si oppone alla tradizione, ma la rielabora e la reinventa, portando nuova vita a valori che altrimenti rischierebbero di perdersi nella ripetizione meccanica di forme e contenuti.

L'innovazione nell'estetica aristocratica non è mai fine a se stessa. Non si tratta semplicemente di rompere gli schemi o di seguire le mode del momento, ma di creare nuove visioni che siano radicate nella tradizione e che sappiano darne un'interpretazione personale e contemporanea. Il punto di forza dell'avanguardia aristocratica è la sua capacità di dialogare con il passato, facendo emergere nuove idee e suggestioni senza mai disconoscere le fondamenta che le hanno dato origine.

In questo contesto, l'innovazione si manifesta attraverso dettagli sottili, ma significativi, che riescono a rinnovare il linguaggio estetico senza mai stravolgerlo. È nella reinterpretazione dei materiali, nelle nuove tecniche di lavorazione, nell'introduzione di forme e linee inaspettate che l'estetica aristocratica trova il suo spazio per evolversi. Ma questa evoluzione è sempre in dialogo con il passato, capace di riconoscere e onorare la storia, i grandi maestri della sartoria, l'arte dei profumi, la tradizione del lusso. Non si tratta di una rottura radicale, ma di un continuo intreccio di passato e futuro, di una visione che va oltre la semplice estetica e che comprende una dimensione filosofica, culturale e sociale.

Questa fusione tra avanguardia e tradizione si riflette anche nell'abbigliamento, che diventa il terreno di espressione di una continua tensione tra il desiderio di innovazione e il rispetto per la maestria artigianale. L'alta moda, ad esempio, si nutre delle esperimentazioni dei giovani designer, ma non può fare a meno di quelle tecniche millenarie che sono alla base della creazione dei capi più pregiati. Il tailoring, con la sua attenzione ai dettagli e la ricerca di perfezione, è il punto di partenza per ogni evoluzione stilistica, che si concretizza poi in una visione innovativa, ma mai disconoscente della grande tradizione sartoriale.

Nel mondo dei profumi, l'avanguardia si esprime attraverso la creazione di nuove combinazioni olfattive, che sfidano le convenzioni senza tradire l'intenzione di evocare emozioni profonde e universali. I maestri profumieri, pur utilizzando ingredienti moderni e tecniche avanzate, restano fedeli alla tradizione della profumeria classica, in cui ogni nota è studiata per raccontare una storia e suscitare un'emozione particolare. In questo senso, la creazione di un profumo non è mai solo un atto di sperimentazione chimica, ma una rielaborazione di una tradizione che affonda le radici in secoli di cultura olfattiva.

L'estetica aristocratica, quindi, sa come rinnovarsi senza mai tradire la sua essenza storica. L'innovazione non deve mai diventare sinonimo di forzatura o di eccesso, ma deve essere un processo naturale che arricchisce e rinnova un patrimonio culturale. La tradizione, da parte sua, non deve essere vista come un fardello che limita la libertà creativa, ma come la fonte da cui trarre ispirazione per evolversi, arricchendo così il presente con una profonda connessione con il passato. Questo equilibrio tra avanguardia e tradizione non è solo una questione estetica, ma diventa una filosofia di vita che si esprime nell'abito, nel profumo, nell'arte del vivere. È la ricerca continua di perfezione, di autenticità, di bellezza senza tempo.

Le case di moda e i profumieri che hanno segnato un'epoca

Le case di moda e i profumieri che hanno segnato un'epoca sono stati gli artefici di un cambiamento profondo nell'estetica e nella cultura del lusso. Questi pionieri, con la loro capacità di innovare, hanno influenzato il modo in cui concepiamo il bello, creando non solo capi d'abbigliamento e fragranze, ma anche veri e propri simboli di uno stile di vita che trascendeva il semplice atto del vestire o dell'indossare un profumo.

Nel mondo della moda, il cambiamento è arrivato quando alcuni stilisti hanno cominciato a rifiutare le convenzioni e a proporre nuove visioni di eleganza. Si è cominciato a parlare di "eleganza informale", ridisegnando il concetto di lusso e creando un equilibrio tra comodità e raffinatezza. Questi designer hanno rotto gli schemi tradizionali, abbandonando la rigidità dei vestiti formali in favore di una silhouette più morbida, ma comunque raffinata. Questo approccio ha portato a creazioni che, pur rimanendo simbolo di status, erano al contempo più accessibili e quotidiane, ridefinendo così il concetto di lusso.

Nel campo della profumeria, alcuni maestri hanno rivoluzionato l'industria creando fragranze che sono diventate simboli di una nuova era. Questi profumieri hanno saputo mescolare tradizione e innovazione, combinando note floreali, speziate, legnose e fruttate per creare fragranze che raccontavano una storia, un'emozione, una sensazione. L'arte di comporre una fragranza è diventata un atto di pura alchimia, in cui ogni nota è pensata per evocare un ricordo, un'immagine, un'emozione. Le fragranze create da questi maestri sono state tanto più che semplici profumi:

erano opere d'arte olfattive, vere e proprie dichiarazioni di stile.

Nel corso dei decenni, queste case di moda e profumieri hanno compreso che il lusso non è solo una questione di qualità dei materiali o della produzione, ma anche di capacità di creare un'esperienza sensoriale completa. La moda non era più solo ciò che si indossava, ma diventava un modo di vivere, di esprimere la propria personalità e il proprio posto nel mondo. I profumi, d'altra parte, non erano più solo per "profumarsi", ma per raccontare una storia personale, un'emozione o un ricordo che accompagnasse chi li indossava.

Questi pionieri del lusso hanno anche saputo guardare avanti, portando l'eleganza nel futuro senza mai tradire la propria essenza. Le loro creazioni sono diventate il punto di riferimento per generazioni, capaci di reinventarsi pur mantenendo la coerenza con l'identità che le aveva originariamente ispirate. Il loro impatto sulla moda e sulla profumeria è stato tale che le loro opere sono ancora oggi una fonte di ispirazione per chi cerca di coniugare tradizione e modernità, classicità e innovazione, eleganza e praticità. Il loro lavoro ha fatto sì che il concetto di lusso diventasse qualcosa di più complesso e sfaccettato, un mix di estetica, emozione e funzionalità, che trascende il tempo e lo spazio.

Il dialogo continuo tra passato e futuro dello stile

Il dialogo continuo tra passato e futuro dello stile è una delle caratteristiche più affascinanti dell'evoluzione estetica. Questa interazione tra tradizione e innovazione permette allo stile di restare sempre attuale, pur mantenendo un legame profondo con la sua storia. Non si tratta di una contrapposizione tra due forze opposte, ma di un intreccio in cui l'una arricchisce l'altra, creando una tensione vitale che dà forma a ciò che chiamiamo "eleganza".

Il passato, con la sua ricchezza di tradizioni, codici estetici e valori culturali, è una risorsa inesauribile da cui trarre ispirazione. Ogni epoca ha prodotto modelli estetici che riflettevano non solo i gusti di una società, ma anche i suoi ideali, le sue aspirazioni e le sue trasformazioni. L'abbigliamento e il profumo, in particolare, sono sempre stati legati a questi cambiamenti sociali e culturali, diventando simboli di un'epoca, ma anche veicoli di una comunicazione sottile, che racconta molto di più di ciò che appare in superficie.

Nonostante il valore del passato, l'estetica non può essere confinata solo a una ripetizione di ciò che è stato. L'innovazione è un elemento essenziale per mantenere vivo lo stile. L'avanguardia non è una rottura violenta con il passato, ma una reinterpretazione, una rielaborazione delle forme, dei materiali e delle idee che definiscono il gusto. Ogni innovazione deve essere in grado di attingere al passato, reinterpretando i codici estetici tradizionali per rispondere alle esigenze del presente e anticipare quelle del futuro.

Lo stile del futuro si fonda su un dialogo che non cancella il passato, ma lo rielabora. Non si tratta di un distacco radicale, ma di un'evoluzione che ne conserva l'essenza, pur portando con sé nuove visioni e sensazioni. In questo senso, l'innovazione nello stile non è mai un cambiamento radicale, ma una continua trasformazione, che aggiunge nuovi significati senza mai stravolgere ciò che è stato. Le linee, i tagli, le forme che sono diventate iconiche nel corso della storia della moda e della profumeria vengono costantemente rivisitati, ma la loro identità di fondo rimane intatta, seppure adattata ai tempi.

Nel contesto della profumeria, ad esempio, l'arte di comporre fragranze non ha mai smesso di evolversi, ma ogni nuova creazione è sempre influenzata da un linguaggio olfattivo che ha radici lontane. I profumieri moderni, pur utilizzando ingredienti innovativi e nuove tecniche di produzione, si rifanno a un patrimonio olfattivo che si è costruito nel corso dei secoli. Così, anche se il profumo di oggi può sembrare distante da quello di un tempo, in realtà conserva un legame profondo con la tradizione, che continua a orientare la ricerca e la creazione.

In definitiva, il dialogo tra passato e futuro dello stile crea un equilibrio perfetto. Il passato non è solo una base da cui partire, ma una fonte che nutre l'innovazione, e l'innovazione, a sua volta, rinnova la tradizione. Questo processo continuo di reinterpretazione e rinnovamento permette allo stile di evolversi senza mai perdere di vista le sue radici. Non è un mero esercizio estetico, ma un processo che coinvolge la cultura, la società e l'individualità, dando vita a un'estetica che resta senza tempo, pur rimanendo sempre viva, fresca e rilevante.

9. L'Estetica dell'Esclusività

Il valore del raro: materiali e creazioni uniche

L'estetica dell'esclusività si fonda su un concetto che trascende il semplice possesso materiale: il valore del raro. Questo valore è strettamente legato all'idea che ciò che è difficile da ottenere, per la sua scarsità o per la maestria con cui è realizzato, acquisisce un'aura di desiderabilità che lo rende unico. Nel mondo del lusso, materiali preziosi e creazioni irripetibili diventano l'espressione più pura di questa filosofia, dando vita a oggetti che non sono solo belli, ma anche carichi di significato.

La scelta dei materiali gioca un ruolo fondamentale. Tessuti rari, pietre preziose, metalli pregiati e ingredienti naturali difficili da reperire rappresentano una parte essenziale del concetto di esclusività. Un tessuto intrecciato a mano da artigiani esperti o una fragranza composta con oli essenziali estratti da fiori coltivati in regioni remote diventano manifestazioni tangibili di questa unicità. La qualità intrinseca di questi materiali non è solo percepibile al tatto o all'olfatto, ma è anche un richiamo alle tradizioni e alla cultura del luogo da cui provengono, conferendo loro un valore simbolico che va oltre la loro rarità.

Ma l'esclusività non risiede solo nei materiali, bensì anche nella lavorazione. Creazioni uniche nascono dall'abilità di artigiani che padroneggiano tecniche tramandate di generazione in generazione. Ogni capo, ogni oggetto o ogni fragranza diventa un pezzo d'arte, realizzato con una precisione e una dedizione che sfidano le logiche della produzione di massa. L'artigianato, in questo contesto, non è solo una pratica, ma una filosofia: l'idea che l'autenticità e la passione siano componenti essenziali di ciò che rende un oggetto davvero esclusivo.

L'esclusività si esprime anche attraverso la limitatezza. Creazioni in edizione limitata, realizzate in piccolissime quantità o addirittura pezzi unici, incarnano il concetto di un lusso destinato a pochi. Questo non è soltanto un fatto numerico, ma anche una dichiarazione di intenzione: non si tratta di creare per tutti, ma per coloro che sono in grado di apprezzare la profondità e il significato di ciò che è stato realizzato. Il valore non risiede solo nell'oggetto in sé, ma anche nella storia che porta con sé, nel tempo e nella cura investiti per dar vita a qualcosa di irripetibile.

Nel mondo del profumo, questa filosofia si traduce in creazioni che utilizzano essenze rare e formule segrete. La scelta di ingredienti difficili da reperire, come le resine provenienti da regioni remote o i petali di fiori che sbocciano solo in particolari stagioni, aggiunge uno strato di mistero e fascino. Il risultato è una fragranza che non è semplicemente un profumo, ma un'esperienza sensoriale esclusiva, capace di evocare mondi lontani e sentimenti profondi.

In definitiva, il valore del raro e dell'unico va oltre l'aspetto materiale. È un valore culturale, emozionale, che trova il suo senso nel legame tra chi crea e chi possiede. L'estetica dell'esclusività non è solo un'espressione di lusso, ma un modo di affermare che ciò che è raro, ciò che è autentico, ha un significato che trascende il tempo e lo spazio, rendendo ogni creazione un vero e proprio simbolo di unicità e perfezione.

Eventi esclusivi e il loro impatto sull'immagine sociale

Gli eventi esclusivi rappresentano un aspetto cruciale dell'estetica dell'esclusività, in quanto non solo celebrano il lusso e la raffinatezza, ma contribuiscono anche a costruire e rafforzare l'immagine sociale di chi vi partecipa. Questi momenti, spesso organizzati in ambienti di grande pregio, diventano non solo occasioni di networking e celebrazione, ma anche piattaforme di rappresentazione e affermazione di status.

L'esclusività di un evento si manifesta già nell'invito, che costituisce una dichiarazione implicita di appartenenza a un'élite culturale, sociale o professionale. Ricevere un invito non significa solo accedere a un'esperienza di altissimo livello, ma anche essere riconosciuti come parte di un gruppo ristretto, custode di determinati valori, estetiche e ideali. Questa selettività rafforza il senso di appartenenza e aumenta il prestigio di chi partecipa.

Gli eventi esclusivi sono spesso caratterizzati da ambientazioni curate nei minimi dettagli, che combinano arte, design e atmosfera per creare un'esperienza multisensoriale. Che si tratti di una cena privata in una villa storica, di un lancio di una fragranza in un giardino segreto o di una sfilata in una location sorprendente, ogni elemento è pensato per evocare un senso di meraviglia e raffinatezza. Questa cura dei dettagli non è solo estetica, ma simbolica: comunica un'attenzione e un rispetto per il bello che si allineano ai valori di esclusività.

La partecipazione a questi eventi non è solo un atto passivo, ma una performance sociale. Gli ospiti, attraverso il loro abbigliamento, comportamento e interazioni, contribuiscono attivamente all'atmosfera dell'evento. Vestirsi in maniera adeguata, mostrando una comprensione dei codici di stile e di eleganza richiesti, diventa un modo per affermare il proprio posto all'interno di un'élite. Gli eventi esclusivi, quindi, non sono solo momenti di svago, ma anche occasioni per consolidare e proiettare un'immagine di sé coerente con il mondo del lusso e della raffinatezza.

Questi momenti hanno anche un impatto significativo sulla percezione pubblica delle persone e dei marchi coinvolti. Gli eventi esclusivi spesso fungono da catalizzatori di attenzione mediatica, creando un'aura di desiderabilità intorno agli organizzatori, ai partecipanti e agli oggetti o servizi celebrati. Essere associati a un evento di alto profilo significa guadagnare un valore simbolico che va oltre l'esperienza stessa, diventando parte di un'immagine collettiva di successo, distinzione e privilegio.

Infine, l'impatto sociale di questi eventi non si esaurisce nell'immediato. Le connessioni create, le impressioni lasciate e le memorie generate continuano a influenzare la percezione di chi vi ha preso parte. Partecipare a un evento esclusivo diventa un tassello nella costruzione di una narrativa personale o professionale, un modo per posizionarsi nel panorama culturale e sociale contemporaneo come protagonisti del bello e del raro. In questo senso, l'esclusività non è solo un valore da vivere, ma anche una strategia per essere ricordati.

L'importanza dell'autenticità nell'era contemporanea

Nell'era contemporanea, l'autenticità è diventata un valore centrale, un antidoto all'omologazione e alla superficialità che spesso caratterizzano una società globalizzata e iperconnessa. In un mondo in cui le immagini sono costruite e filtrate, e le esperienze rischiano di essere ridotte a meri simulacri di significato, l'autenticità emerge come un faro di verità e integrità, tanto nella sfera personale quanto in quella collettiva.

L'autenticità è profondamente legata al concetto di identità. Esprimere sé stessi in modo autentico significa essere fedeli ai propri valori, alle proprie aspirazioni e alla propria storia, resistendo alla tentazione di conformarsi a standard imposti dall'esterno. Questo è particolarmente rilevante in un contesto in cui i social media, pur offrendo possibilità di connessione senza precedenti, incentivano spesso una rappresentazione idealizzata e omologata della vita. L'autenticità, invece, invita a una narrazione più vera, che accetta e valorizza le imperfezioni come parte integrante dell'esperienza umana.

Nel mondo del lusso e dello stile, l'autenticità assume un significato ancora più profondo. Non si tratta solo di proporre prodotti o esperienze di alta qualità, ma di comunicare una storia coerente e credibile. Un capo d'abbigliamento, una fragranza, o un evento esclusivo diventano autentici quando portano con sé una narrazione radicata in valori reali, come l'artigianalità, la sostenibilità e il rispetto delle tradizioni. I consumatori contemporanei, sempre più attenti e informati, cercano non solo oggetti belli, ma anche oggetti che abbiano un'anima, una connessione tangibile con chi li ha creati e con il contesto culturale da cui provengono.

L'autenticità, inoltre, è un elemento chiave nella costruzione di relazioni significative. Nelle interazioni personali, essere autentici significa presentarsi agli altri senza maschere, con trasparenza e onestà. Questo favorisce una comunicazione più profonda e sincera, capace di creare legami autentici in un mondo che spesso premia la velocità e la superficialità. Anche nei contesti professionali e sociali, l'autenticità è sempre più apprezzata come un tratto distintivo di leadership e credibilità, in contrasto con la retorica vuota o il mero marketing.

Paradossalmente, nell'era digitale, l'autenticità si rivela anche come un potente elemento distintivo. In un mare di contenuti generati rapidamente e in modo massivo, le voci autentiche risaltano per la loro unicità e profondità. Raccontare storie vere, mostrare il processo dietro una creazione, o semplicemente condividere esperienze reali può diventare un modo per emergere e connettersi a un livello più intimo con il proprio pubblico o comunità.

Infine, l'autenticità ha un valore etico e sociale. In un'epoca segnata da crisi ambientali e disuguaglianze, essere autentici significa anche assumersi la responsabilità delle proprie scelte. Le aziende che abbracciano pratiche sostenibili e trasparenti, che rispettano i lavoratori e che investono in comunità locali incarnano un'idea di autenticità che va oltre il profitto, diventando esempi di come il lusso e l'etica possano coesistere.

In conclusione, l'autenticità nell'era contemporanea è molto più che un valore astratto: è una scelta, un modo di vivere e di interagire con il mondo. È ciò che ci permette di rimanere fedeli a noi stessi, di costruire relazioni profonde e di creare un impatto positivo nella società, restituendo significato a ciò che facciamo e a come lo condividiamo con gli altri.

10. Il Futuro dello Stile

Tendenze emergenti nel profumo e nell'abbigliamento

Il futuro dello stile si delinea come un delicato equilibrio tra tradizione e innovazione, guidato da tendenze che rispecchiano i cambiamenti sociali, culturali e tecnologici della nostra epoca. Nel mondo del profumo e dell'abbigliamento, queste evoluzioni stanno ridefinendo il concetto stesso di lusso, ponendo al centro valori come la sostenibilità, la personalizzazione e l'inclusività.

Nel campo della profumeria, si sta assistendo a una crescente attenzione verso la sostenibilità e l'etica nella produzione. Gli ingredienti naturali, raccolti in modo responsabile, e le formule vegane stanno diventando sempre più popolari, senza compromettere la qualità o la complessità delle fragranze. Allo stesso tempo, le tecnologie avanzate stanno permettendo la creazione di molecole sintetiche che replicano fedelmente le note rare, riducendo la pressione sulle risorse naturali. Il profumo del futuro sarà non solo un'esperienza sensoriale, ma anche un simbolo di consapevolezza e responsabilità.

Un'altra tendenza chiave è l'ascesa della personalizzazione. I consumatori moderni cercano fragranze che raccontino la propria storia, che risuonino con la loro identità unica. Questo ha portato a un boom delle creazioni su misura, dove le persone possono collaborare con i profumieri per creare un'essenza esclusiva. Questo approccio si riflette anche nelle tecnologie digitali, con applicazioni e strumenti che permettono di scegliere e mescolare note per ottenere un profumo personalizzato in pochi clic.

Nel mondo dell'abbigliamento, il concetto di stile si sta trasformando in una dichiarazione di valori. La sostenibilità è al centro di questa rivoluzione, con l'adozione di materiali riciclati, biologici e innovativi, come le fibre create da scarti alimentari o tessuti biodegradabili. L'attenzione ai cicli di produzione sta portando molte case di moda a privilegiare pratiche artigianali e locali, garantendo trasparenza e tracciabilità. In questo contesto, l'artigianato non è più solo un valore estetico, ma una scelta etica e culturale.

L'abbigliamento del futuro sarà anche sempre più tecnologico. Tessuti intelligenti, capaci di adattarsi alle condizioni ambientali o di monitorare i parametri vitali di chi li indossa, stanno diventando una realtà. Questi sviluppi uniscono funzionalità e design, ampliando le possibilità espressive della moda. Allo stesso tempo, l'integrazione della realtà virtuale e aumentata sta aprendo nuove frontiere per la moda digitale, con capi che esistono solo nello spazio virtuale, ma che possono essere indossati e condivisi nelle piattaforme social.

Un'altra tendenza emergente è l'inclusività. La moda sta abbracciando sempre più diversità di genere, età, taglia e cultura, creando capi e collezioni che riflettono una società in evoluzione. Questo cambiamento si accompagna a un rinnovato interesse per la moda senza tempo, con l'idea che uno stile autentico non sia legato alle tendenze del momento, ma alla capacità di durare nel tempo.

Infine, sia nel profumo che nell'abbigliamento, il futuro sarà sempre più legato alla connessione emotiva. Gli oggetti non saranno solo beni da possedere, ma esperienze da vivere, ricordi da evocare, simboli di appartenenza e autoespressione. Le creazioni del futuro saranno pensate per dialogare con chi le sceglie, intrecciando passato, presente e futuro in una narrazione personale e collettiva.

In questo panorama, il lusso evolve, ma non perde la sua essenza: rimane una celebrazione del bello, dell'unico e dell'autentico, arricchendosi di nuovi significati e valori che riflettono il mondo in cui viviamo e quello che vogliamo costruire.

La sostenibilità come nuova forma di aristocrazia estetica

La sostenibilità sta emergendo come una nuova forma di aristocrazia estetica, una nobile declinazione del bello che non si limita a celebrare l'apparenza, ma abbraccia profondità, etica e responsabilità. In un'epoca in cui il consumo indiscriminato ha spesso sacrificato il valore alla quantità, la sostenibilità si propone come un ritorno a un'essenza più raffinata, dove ogni scelta è ponderata e significativa. Questa aristocrazia non si fonda sul privilegio economico o sociale, ma su una consapevolezza culturale e ambientale che definisce una nuova élite estetica.

La sostenibilità, in questo contesto, non è solo un concetto pratico, ma un linguaggio espressivo che permea ogni aspetto dello stile. I materiali scelti non sono più soltanto preziosi per la loro rarità o costo, ma per la loro origine, la loro storia e il loro impatto. Le fibre naturali coltivate senza l'uso di sostanze chimiche, i tessuti rigenerati e le tecnologie innovative che trasformano rifiuti in risorse diventano simboli di una nuova estetica: un'estetica che unisce bellezza, funzionalità e rispetto per il pianeta.

Questa visione si riflette anche nelle pratiche artigianali, che acquisiscono un nuovo significato nell'era della sostenibilità. L'artigianato non è più solo una celebrazione della manualità e della tradizione, ma una forma di resistenza all'industrializzazione sfrenata e alla produzione di massa. Ogni capo o fragranza realizzata a mano porta con sé l'impronta del creatore, una testimonianza di autenticità e di unicità che eleva il valore intrinseco dell'oggetto. È il trionfo dell'attenzione ai dettagli e della lentezza consapevole, in netto contrasto con la rapidità effimera della moda fast.

La sostenibilità come aristocrazia estetica si manifesta anche nella capacità di coniugare innovazione e tradizione. I grandi visionari del design e della profumeria non si limitano a recuperare le tecniche del passato, ma le reinterpretano con uno sguardo rivolto al futuro. Le tecnologie all'avanguardia si uniscono alla sapienza manuale, creando prodotti che non solo rispettano l'ambiente, ma ridefiniscono i canoni del lusso. Questo approccio non è solo un tributo alla bellezza, ma una dichiarazione di responsabilità: ogni creazione diventa un messaggio, un simbolo di ciò che il lusso può e deve rappresentare.

Infine, la sostenibilità come aristocrazia estetica non è solo un ideale, ma un'aspirazione collettiva. Non si tratta di un privilegio riservato a pochi, ma di una nuova consapevolezza che può guidare le scelte di ognuno, trasformando il gusto personale in un atto di impegno sociale e ambientale. È un'aristocrazia che non esclude, ma ispira, invitando tutti a riconoscere il valore del bello che non si esaurisce nell'apparenza, ma che si radica in principi duraturi e universali.

In questo senso, la sostenibilità rappresenta il futuro del lusso e dello stile, un'evoluzione che non rinnega la raffinatezza e l'eleganza, ma le arricchisce di significati più profondi. È l'affermazione che il vero lusso non risiede solo nell'avere, ma nel sapere scegliere, creare e vivere in armonia con il mondo che ci circonda.

Estetismo e tecnologia: una possibile fusione?

L'estetismo, tradizionalmente associato alla celebrazione del bello e all'esaltazione dell'arte come forma suprema di espressione, e la tecnologia, spesso percepita come un campo dominato dalla funzionalità e dall'innovazione pragmatica, possono sembrare ambiti contrapposti. Tuttavia, nell'era contemporanea, questa dicotomia si dissolve, lasciando spazio a una fusione affascinante e ricca di possibilità. Estetismo e tecnologia non solo possono coesistere, ma possono alimentarsi reciprocamente, creando un terreno fertile per l'innovazione culturale e artistica.

La tecnologia, con la sua capacità di amplificare la creatività umana, offre nuovi strumenti per esplorare i confini dell'estetismo. Gli sviluppi nell'intelligenza artificiale, nella realtà aumentata e nella realtà virtuale hanno trasformato il modo in cui concepiamo e sperimentiamo l'arte e il design. Gli artisti e i designer contemporanei utilizzano queste tecnologie per creare opere immersive e interattive, che sfidano le convenzioni tradizionali e invitano il pubblico a diventare parte attiva dell'esperienza estetica. Il risultato è una nuova forma d'arte che non solo si osserva, ma si vive.

Nel mondo del profumo e dell'abbigliamento, questa fusione si manifesta attraverso tecnologie che ridefiniscono il concetto stesso di lusso e di stile. I tessuti intelligenti, ad esempio, sono in grado di reagire a stimoli esterni, come la temperatura o la luce, offrendo non solo funzionalità ma anche un'esperienza estetica dinamica. Analogamente, i profumi personalizzati, creati con l'ausilio dell'intelligenza artificiale, permettono di esplorare combinazioni olfattive uniche, rendendo ogni fragranza un'estensione dell'identità del suo creatore o utilizzatore.

La tecnologia non si limita a supportare l'estetismo, ma lo sfida a evolversi. L'accesso a materiali e tecniche di produzione innovativi consente la creazione di oggetti e spazi che sfidano le convenzioni visive e tattili, aprendo nuovi orizzonti estetici. Inoltre, la tecnologia offre una piattaforma per rendere l'arte e il design più inclusivi e accessibili, abbattendo le barriere tradizionali legate a costi, geografia e conoscenza.

Questa fusione, però, non è priva di rischi. C'è il pericolo che l'estetismo venga ridotto a un accessorio tecnologico, privandolo della sua profondità filosofica e culturale. Per evitare ciò, è essenziale mantenere un equilibrio tra l'utilizzo delle tecnologie e la preservazione del significato e dell'intenzionalità artistica. La tecnologia deve essere al servizio dell'estetismo, non il contrario.

La domanda fondamentale è: può la tecnologia conservare l'anima dell'estetismo? La risposta risiede nella capacità di chi la utilizza di integrare sensibilità artistica e visione innovativa. Quando la tecnologia è impiegata per arricchire l'esperienza umana, piuttosto che per sostituirla, diventa uno strumento potente per esprimere il bello in modi nuovi e straordinari.

In definitiva, l'incontro tra estetismo e tecnologia non rappresenta solo una possibilità, ma una necessità nell'epoca contemporanea. È attraverso questa fusione che possiamo ridefinire i confini del possibile, creando un nuovo linguaggio estetico che risuoni con la complessità e la ricchezza del mondo moderno. La tecnologia, quando abbracciata con consapevolezza e visione, non minaccia l'estetismo, ma lo potenzia, portandolo verso un futuro in cui l'arte e la scienza non sono più separate, ma intrecciate in un dialogo creativo e continuo.

11. Conclusioni

Una riflessione sull'evoluzione dello stile

L'evoluzione dello stile riflette l'incessante dialogo tra individuo, società e tempo. Attraverso i secoli, lo stile ha incarnato ideali estetici, valori culturali e tensioni sociali, trasformandosi da mero ornamento a espressione identitaria e dichiarazione di appartenenza. Questa traiettoria non si è mai fermata, rinnovandosi continuamente attraverso l'incontro di tradizioni consolidate e spinte innovative.

Nel corso di questo viaggio, abbiamo esplorato come il profumo e l'abbigliamento, pilastri dell'estetismo, abbiano assunto ruoli sempre più complessi e stratificati. Da semplici oggetti di desiderio a veri e propri veicoli narrativi, essi raccontano storie che intrecciano emozioni, cultura e ambizione. Il profumo, con il suo linguaggio invisibile, riesce a evocare memorie e sogni, mentre l'abbigliamento, con le sue forme e materiali, diventa un manifesto visivo di personalità e visione del mondo.

Il futuro dello stile, come abbiamo visto, si trova ora al crocevia tra avanguardia e tradizione, tra sostenibilità e tecnologia. La ricerca dell'autenticità e dell'eccellenza si mescola a una crescente consapevolezza delle sfide globali, portando a una nuova visione del lusso: non più semplice sinonimo di esclusività, ma espressione di valori, di rispetto per l'ambiente e di inclusività. La sostenibilità emerge come la nuova aristocrazia estetica, capace di dare significato alle scelte di stile e di ispirare un nuovo ideale di bellezza consapevole.

Tuttavia, ciò che rende lo stile veramente universale e senza tempo è la sua capacità di adattarsi ai mutamenti, pur conservando un legame profondo con la sua essenza. Innovare senza dimenticare le radici, sperimentare senza perdere di vista l'identità: questo è il segreto dell'evoluzione stilistica. Le case di moda, i maestri profumieri, gli artigiani e i creativi che plasmano il panorama attuale sono i custodi di questo equilibrio delicato, ma sono anche pionieri che tracciano sentieri inesplorati.

L'estetismo, nella sua forma più pura, non è mai solo ciò che appare. È una sintesi di bellezza e sostanza, un dialogo tra l'individuo e il mondo, un'aspirazione che trascende l'effimero per toccare l'eterno. In un mondo sempre più frammentato, lo stile diventa un ponte, un linguaggio universale che unisce, ispira e, soprattutto, racconta chi siamo.

In conclusione, l'evoluzione dello stile non si misura solo nei cambiamenti estetici o tecnici, ma nella sua capacità di rispondere alle esigenze più profonde della società e dell'animo umano. È un viaggio senza fine, che celebra il passato, abbraccia il presente e guarda con coraggio e creatività al futuro. L'aristocrazia dello stile, in questo senso, non è un punto di arrivo, ma un invito continuo a esplorare, creare e sognare.

L'importanza di preservare l'autenticità estetica

Preservare l'autenticità estetica è un atto di resistenza culturale in un mondo sempre più dominato dall'omologazione e dalla rapidità del consumo. L'autenticità non è semplicemente sinonimo di originalità; è una qualità profonda e intangibile, radicata nella coerenza tra identità, valori e espressione estetica. È ciò che conferisce un significato duraturo a ciò che creiamo, indossiamo o scegliamo di mostrare al mondo.

In un'epoca in cui la produzione di massa ha reso accessibile una vasta gamma di beni, il rischio di appiattire l'esperienza estetica è reale. La velocità con cui le tendenze nascono e svaniscono ha spesso il potere di ridurre lo stile a un semplice riflesso del mercato, privo di contenuto emotivo o culturale. Preservare l'autenticità estetica significa opporsi a questa superficialità, coltivando un senso del bello che sia radicato nella qualità, nella storia e nella consapevolezza.

L'autenticità estetica si nutre della tradizione, ma non si limita ad essa. Richiede un equilibrio sottile tra fedeltà alle radici e apertura all'innovazione. È nella capacità di reinterpretare il passato in chiave contemporanea che si manifesta la vera essenza dello stile autentico. Questo vale per una fragranza, che evoca memorie lontane pur adattandosi ai gusti odierni, così come per un capo d'abbigliamento, che trasforma l'eredità sartoriale in una dichiarazione di modernità.

Preservare l'autenticità significa anche riconoscere il valore dell'artigianato e del lavoro umano. Ogni creazione autentica porta con sé una storia: la mano che l'ha forgiata, il tempo dedicato alla sua realizzazione, l'intenzione dietro ogni dettaglio. In un mondo in cui la produzione automatizzata è la norma, l'autenticità si distingue come un simbolo di lentezza consapevole e di attenzione alla qualità. È un richiamo a una dimensione più intima e personale, in cui l'oggetto non è solo un prodotto, ma un'esperienza.

Un altro aspetto cruciale dell'autenticità estetica è la sua capacità di connettersi all'identità individuale. Quando scegliamo un profumo, un capo d'abbigliamento o un accessorio autentico, non stiamo semplicemente acquistando un oggetto, ma stiamo affermando chi siamo. L'autenticità estetica diventa così un dialogo tra l'individuo e il mondo, un linguaggio che esprime unicità e profondità.

Infine, preservare l'autenticità estetica ha anche un valore etico. Implica un impegno a rispettare l'ambiente, a valorizzare il lavoro equo e a promuovere una cultura del consumo responsabile. È un modo per contrastare la cultura dello spreco e dell'effimero, scegliendo ciò che è destinato a durare non solo per la sua bellezza, ma per il suo significato.

In un mondo in cui tutto sembra fugace e intercambiabile, l'autenticità estetica è il baluardo di ciò che è vero, significativo e intramontabile. Preservarla significa celebrare l'unicità, difendere il valore del bello e ricordare che lo stile autentico non è mai solo apparenza, ma un riflesso profondo dell'essenza umana.

Verso una nuova aristocrazia del gusto

Verso una nuova aristocrazia del gusto si intravede un movimento che va oltre le convenzioni tradizionali, un ritorno all'eccellenza e all'autenticità in un mondo sempre più standardizzato e consumistico. Questa nuova aristocrazia non si fonda sulle strutture di potere del passato, ma si radica in una concezione culturale, estetica ed etica del "bello". È un'élite non solo sociale, ma soprattutto intellettuale e sensoriale, che riconosce la bellezza come un valore da preservare e valorizzare, ben al di là del mero possesso materiale.

L'aristocrazia del gusto del futuro è destinata a emergere in un contesto in cui le masse sono ormai abituate alla sovrabbondanza e alla cultura dell'effimero. In questo scenario, l'accesso al "bello" e al "raffinato" diventa una scelta consapevole, una resistenza al conformismo e alla produzione di massa. Non si tratta più di ostentare ciò che è costoso o raro, ma di selezionare ciò che è autentico, che racconta una storia e che porta con sé un valore intrinseco. Questa nuova aristocrazia non si costruisce su ciò che si possiede, ma su ciò che si sceglie con discernimento e sensibilità.

La bellezza, per questa nuova aristocrazia, è un atto di riflessione e di cura. Si traduce in un apprezzamento profondo per il design, la qualità e la funzionalità, ma anche per la sostenibilità e l'impegno sociale. L'ideale di lusso non è più legato solo al possesso di oggetti esclusivi, ma alla consapevolezza di fare scelte che rispettino l'ambiente, valorizzino l'artigianato e promuovano il benessere collettivo. In questo senso, il gusto diventa un valore che trascende l'apparenza e si radica in principi etici e culturali.

L'aristocrazia del gusto è anche un ritorno alla raffinatezza sensoriale, che non è solo visiva, ma coinvolge tutti i sensi. È un apprezzamento per la complessità e la profondità, non solo nell'abbigliamento o nel profumo, ma anche nella gastronomia, nella musica, nell'arte e nell'architettura. In un mondo in cui l'immediatezza e la frenesia dominano, questa nuova élite ha il coraggio di prendersi il tempo per esplorare e assaporare la bellezza in tutte le sue forme. Il gusto diventa una forma di resistenza alla superficialità, un modo per reinterpretare il quotidiano con uno sguardo più attento e consapevole.

Verso questa nuova aristocrazia del gusto, il desiderio non è più un atto di consumo fine a se stesso, ma una ricerca di significato. Ogni scelta estetica è un atto di affermazione personale, una dichiarazione di valori e una sfida alle convenzioni. Si afferma un'idea di bellezza che non è solo visibile, ma che si radica nel profondo, nelle motivazioni, nelle storie e nei significati che si intrecciano con l'arte e la cultura. Il vero lusso, dunque, risiede nella profondità, nella capacità di scegliere con consapevolezza e di celebrare la bellezza in tutte le sue sfumature.

Questa nuova aristocrazia non è esclusiva o elitista, ma aperta a chiunque desideri abbracciare un modo di vivere più raffinato, consapevole e autentico. È un invito a riscoprire il valore dell'esperienza, a dare spazio alla cultura, all'intelletto e alla sensibilità. È un movimento che, nel suo rifiuto della superficialità e del consumismo, si propone di elevare l'intera società verso un nuovo paradigma di bellezza e gusto, un mondo in cui la qualità e la profondità non siano riservate a pochi, ma siano valori condivisi da tutti.

Sull'Autore

Kylian de Brabandere è un progetto editoriale dedicato all'esplorazione dell'eccellenza, dello stile e della cultura olfattiva. Attraverso una collana che spazia dalla narrativa (Il Profumo del Potere) alla saggistica sul management e il bon ton, il nome raccoglie una visione unificata: quella di un'eleganza senza tempo, dove la cura del dettaglio, la passione per le fragranze e la leadership consapevole si incontrano. Le opere pubblicate sotto questo nome mirano a ispirare lettori alla ricerca di bellezza, strategia e raffinatezza nel mondo moderno.